中国经济文库·应用经济学精品系列（二）

·江西财经大学资助项目

中国投资与就业指南（2020）

古　皿◎著

The Investment and Employment Guide of China（2020）

中国经济出版社
CHINA ECONOMIC PUBLISHING HOUSE
北京

图书在版编目（CIP）数据

中国投资与就业指南.2020年／古皿著.--北京：中国经济出版社，2021.1

ISBN 978-7-5136-6420-2

Ⅰ.①中… Ⅱ.①古… Ⅲ.①投资-中国-指南-2020 ②就业-中国-指南-2020 Ⅳ.①F832.48-62 ②D669.2-62

中国版本图书馆CIP数据核字（2021）第022596号

责任编辑　彭　欣
责任印制　巢新强
封面设计　华子图文

出版发行　中国经济出版社
印 刷 者　北京捷迅佳彩印刷有限公司
经 销 者　各地新华书店
开　　本　710mm×1000mm　1/16
印　　张　15.25
字　　数　203千字
版　　次　2021年1月第1版
印　　次　2021年1月第1次
定　　价　59.00元
广告经营许可证　京西工商广字第8179号

中国经济出版社　**网址** www.economyph.com　**社址** 北京市东城区安定门外大街58号　**邮编** 100011
本版图书如存在印装质量问题，请与本社销售中心联系调换（联系电话：010-57512564）

序　言

现代系统科学认为，一切事物均以系统的方式存在，并且系统的内部结构决定其输出功能。因此，系统结构的优劣应以该系统的输出效益来衡量。就企业微观经济系统而言，这一点是显然的。企业效益不好，当然有外部环境方面的若干原因，但根本的原因还在于企业内部，是企业内部的某些结构（如产品结构、资本结构、债务结构、分配结构、组织人事结构、文化技术结构、性别结构、年龄结构、产权结构等）存在问题。应该说，宏观经济系统也不例外。虽然一个社会的宏观经济系统的输出效益，要受制于该系统的外部环境（如系统周边环境、国际经济乃至全球经济环境），但其内部结构（如地区经济结构、产业结构、行业结构、投资结构、就业结构、分配结构等）的优劣，也直接影响其输出效益。因此，宏观经济系统结构的调整与优化越来越被人们关注。

陶立新教授发表在英国学术期刊《控制论》（Kyberentes）上的论文《论宏观经济系统结构全方位失衡及其战略性优化的判据》（*Criteria for omnibearing imbalance of macroeconomic system structures and their strategic optimization*）① 中，率先提出并论证了相应的比较收益概念、模型、全方位失衡的判据及其结构最优化定理，为研究宏观经济系统结构调整

① 该文已被美国《科学引文索引》(SCI) 检索。

与最优化问题的理论与方法论基础进行了有益的探索，做出了重要贡献。

在本书中，陶立新教授（笔名古皿）首次依据他所提出的理论和方法，运用最新统计数据对中国的投资和就业结构进行了计算，并探讨了结构调整的方向、顺序、力度，从而给出了中国的投资与就业指南。应该说，这些研究结果可以为人们理性地进行投资选择以及分析就业问题提供有益的参考。陶立新教授有志于在此基础上继续撰写《亚洲投资与就业指南》《欧洲投资与就业指南》《美洲投资与就业指南》，乃至《全球投资与就业指南》。我们期待着他的新成果问世。

汪同三

中国社会科学院学部委员

中国数量经济学会理事长

导　言

经济学研究有限资源的优化配置，其本质就是实现供需均衡。供大于求，表明资源的浪费，应减少供给；供不应求，说明供给不足，因而需增加资源的供给。

有限资源包括的范围非常广泛，如土地、资金、技术、生产资料、专利、品牌、企业文化、劳动力、企业家才能……但说到底归结为两大类：活劳动与物化劳动。前者体现在就业者身上，后者可归结到资金（资本）上，也就是柯布—道格拉斯生产函数中的两大生产要素。

宏观经济系统结构包括地区经济结构、产业结构、行业结构、收入分配结构、投资结构、就业结构等。宏观经济系统结构失衡就是供求结构（投入产出结构）失衡，归根结底，就是投资结构与就业结构存在问题，被称为“失衡”，需要调整。

事实上，地区经济结构失衡体现在两个方面：一方面是地区的投资结构失衡，即该多投资的地区投入的资金偏少（供不应求），不该多投资的地区反而投资过多（供过于求）；另一方面是地区就业结构失衡，即有的地区劳动力不够（供不应求），而有的地区劳动力又过多（供过于求）。同理，产业（行业）结构失衡也体现在上述两个方面。

研究宏观经济系统结构失衡与优化，是宏观经济学的基本问题之一。我于2011年8月发表在英国学术期刊《控制论》（Kyberentes）上的论文《论宏观经济系统结构全方位失衡及其战略性优化的判据》

（*Criteria for omnibearing imbalance of macroeconomic system structures and their strategic optimization*）中，提出并论证了相应的比较收益概念、模型、全方位失衡的判据及其结构最优化定理。本书的第一篇——基础篇，就是从理论和方法论上向读者系统介绍了这方面的内容。

将国家及各省份的统计年鉴的相关统计数据代入该模型计算，便可定量地给出地区经济结构与产业（行业）结构失衡的状况、程度，并根据结构最优化定理确定结构战略性优化的方向、顺序、时间和力度。第二、三篇共六章，就是利用相关数据计算分析全国地区经济结构与产业（行业）结构失衡的情况，并提出结构战略性优化的途径——给出我国的投资与就业指南。

由于全国的宏观经济系统结构在不断地变化，每年统计年鉴的数据会因此变动，导致全国的投资结构和就业结构也会不断变化。所以，本书每年投资与就业的结论也随之变动，不可避免地要年复一年地出版同一书名下的新书。2013年，曾经由中国经济出版社出版《全国投资与就业指南（2013年）》。2014年，该版本也曾在美国出版发行。2020年版本则是以国家统计局的相关统计数据计算的，用以测度现今中国地区经济结构与产业（行业）结构失衡的基本情况，由此给出中国地区与产业（行业）的投资和就业指南。

根据数据计算结果，首先在第二篇指出中国东、中、西三大区域及其三大产业结构失衡与优化结论（第二章）；其次指出由最优区域——东部区域（第三章）到一般区域——中部区域（第四章），再到排名偏后区域——西部区域（第五章）各省份的地区投资与就业指南以及区域内各省份的产业（行业）投资与就业指南；最后在第三篇分别指出我国按传统行政区划（第六章）和现代三大经济圈——长三角区域、环渤海经济区和泛珠三角区域（第七章）的地区投资和就业指南。

本书能够顺利出版，要感谢中国经济出版社，是其大力支持才得以同大家见面；尤其要感谢中国社科院学部委员汪同三研究员对本书的充分肯定并写下精彩的序言；特别要感谢我的一位得力助手与合作伙伴——江西财经大学统计学院教师刘成坤博士，他为本书的写作，搜集、整理、计算了大量相关统计数据和资料，令我能在短期内完成撰写任务。

古　皿

2019 年 12 月

目　录

第一篇
理论依据

本篇从理论和方法论方面系统地介绍了比较收益概念、模型、全方位失衡的判据及其结构最优化定理。

第一章　论宏观经济系统结构全方位失衡及其战略性优化的判据

第一节　“贫困是由过剩本身产生的”新解

恩格斯曾在其不朽的著作《社会主义从空想到科学的发展》中引用圣西门的话：“贫困是由过剩本身产生的。”对这句话的解释，一般的教科书都认为专指当时特定的历史条件下，由于生产过剩导致减产以致工厂倒闭、工人失业、收入下降、需求不足，这使生产更加过剩，更多的工厂破产等，因而社会愈益贫困。其实，这句话的含义在笔者看来远不止针对特定的历史背景、特定的时间和特定的事件，而应该是一句蕴含着丰富哲理并具有普遍意义的至理名言。

事实上，这里的“过剩”当然是指经济上的供给过剩。经济上的供给过剩，说到底就是劳动力和资金的供给过剩。因为任何生产要素（无论多么复杂）都可最终归结到劳动力（包括智力与体力）和资金上。因此，任何产品（无论是有形的还是无形的）的供给过剩，也都可以归结到劳动力和资金的供给过剩上。劳动力供给过剩意味着大量的劳动力没有（或无法）被配置到生产资料上，如农村田少人多，城镇待业和失业现象严重；或者，虽然劳动力全都被配置到生产资料上且没有剩余，但这种配置生产出的产品就全社会的有效需求而言已经过剩，故劳动力供给过剩无疑。资金供给过剩，意味着投资需求不足，投资回报率太低，或资金的廉价以至于无偿供给。前者表明投资者对经济前景不看好，生产萎缩，经济萧条，工人失业，贫困是当然的；后者是计划经济特有的现象。由于资金的廉价以至于无偿供给，导致各地方、各部门、各单位盲目地争项目、争资金，争到资金后又不珍惜，使有限的资金浪费在不该花费的地方和项目上。这里所谓的“不该”，实质上是指资金用在这些地方和项目上已经过剩或多余。中国几十年计划经济，本来就很穷，如此折腾又如何不贫困。

经济学的一个基本命题是资源是有限的，需求（欲望）是无限的。因此，需要经济学来研究对资源的优化配置。有限的资源原本应该用来进行合理的配置，创造更多的财富，以满足更多的需求，但过剩就意味着资源的浪费，浪费资源（供给过剩）的结果当然是贫困。

如果这样去认识“贫困是由过剩本身产生的”这句话，那么许多经济社会现象就都可以得到令人较满意的解释。例如，为什么计划经济搞不下去？因为搞了几十年，老百姓的生活仍没有太多的改善，国家依然在贫穷落后和欠发达的行列中徘徊。所以，依“贫困是由过剩本身产生的”这句话的新解，就是对有限的人力资源和资金资源进行了长达几十年的廉价以至于无偿供给，从而造成了资源的巨大浪费，也就是这里所说的由于在许多地方和项目上资源的过剩供给而引起的。又如，“民工潮”现象何以十几年长期存在？可能是因为农村相对贫困。贫困的原因是劳动力供给过剩，或相对而言，是资金供给不足。

这里谈到了“资金供给不足”。既然“贫困是由过剩本身产生的”，那么不足又会导致什么呢？笔者以为“不足会制约发展”，即“发展是由不足本身制约的”。这里所谓的“不足”，是指经济上的供给不足，即劳动力和资金以及由此生产的产品供给不足。俄罗斯地广人稀、资金匮乏，是制约其发展的两大瓶颈。大量引进人力（包括人才）和资金，是其谋求发展的根本要义；许多发展中国家虽然人力充足，但人才匮乏、资金短缺，严重制约着这些国家经济和社会的发展。

供给的过剩与不足都是相对有效需求而言的。供给超过了有效需求就是过剩，将导致贫困；有效需求超过了供给就是供给不足，将制约发展。因此，任何国家，特别是对于贫穷落后的发展中国家而言，谋求经济上的供求均衡至关重要。

第二节　经济系统结构失衡的判据

为了找到这个判据，不妨设经济总系统为 W，t 期的总需求为 $DW(t)$，总供给为 $SW(t)$。若 $DW(t) = SW(t)$，则表明 t 期总供求均衡。为了讨论结构失衡问题，设总系统 W 由若干（如 n 个）子系统 W_i（$i=1, 2, \cdots, n$）构成。同时设 t 期，它们各自为总系统提供的有效需求和从总系统得到的供给，分别为 $D_i(t)$ 与 $S_i(t)$。那么，总系统 W 在 t 期的需求结构和供给结构就可分别表示为下述三个向量：

需求结构向量 $D(t) = [D_1(t), D_2(t), \cdots, D_n(t)]$ $D_i(t) = D_i(t) / DW(t)$ $(i=1, 2, \cdots, n)$

就业结构向量 $S_1(t) = [S_{11}(t), S_{12}(t), \cdots, S_{1n}(t)]$ $S_{1i}(t) = S_{1i}(t) / S_{1W}(t)$ $(i=1, 2, \cdots, n)$

资本结构向量 $S_2(t) = [S_{21}(t), S_{22}(t), \cdots, S_{2n}(t)]$ $S_{2i}(t) = S_{2i}(t) / S_{2W}(t)$ $(i=1, 2, \cdots, n)$

其中，$D_i(t)$，$s_{1i}(t)$，$s_{2i}(t)$ 分别表示 t 期，第 i 个子系统为总系统提供的需求占总需求的比例，以及从总系统得到的劳动力与资金的供给比例。

一个更为重要的概念比值，我们称为比较收益（Gains By Comparison，GBC）：

$$G_i^j(t) = D_i(t) / S_i^j(t) \quad (j=1, 2) \tag{1-1}$$

当 $j=1$ 时，即 $G_i^j(t)$ 被称为第 i 个子系统的劳动比较收益；当 $j=2$ 时，即 $G_i^2(t)$ 被称为第 i 个子系统的资金比较收益。而且，

（1）当 $G_i^j(t) = 1$ 时，表明第 i 个子系统 t 期为总系统提供的有效需

求占总有效需求的比例，与从总系统得到的劳动力与资金的供给比例恰好相等。这意味着，该子系统在 t 期生产力条件下实现了供求均衡，不盈不亏，其“需要与享受”刚好达到了社会平均尺度，体现了公平；也表明其创造价值的个别劳动时间正好等于社会必要劳动时间，反映了 t 期该社会的平均生产力水平；或表明其资金效益达到了社会平均水平。

（2）当 $G_i^j(t)>1$ 时，表明总系统（整个社会）对第 i 个子系统在 t 期的有效需求过旺，而劳动力或资金的供给则相对不足，第 i 个子系统的“需要与享受”超过了社会平均尺度，投入少、产出多，个别劳动时间低于社会必要劳动时间，代表着 t 期该系统社会生产力发展的方向，对社会经济结构调整与提升具有导向作用，因而也是劳动力流向的目标子系统；或表明其资金效益超过了社会平均水平，应成为社会投资的重点与热点。

（3）当 $G_i^j(t)<1$ 时，表明总系统（整个社会）对第 i 个子系统，在 t 期的有效需求不足，而劳力或资金的供给则相对过剩，该子系统的“需要与享受”低于社会平均尺度，投入多、产出少，有限资源的相对浪费，个别劳动时间高于社会必要劳动时间，其高出的部分得不到社会承认，按价值规律，该子系统处于不利地位，属于相对贫困的子系统，因而也是劳动力自发离弃的子系统；或表明其资金效益低于社会平均水平，造成了社会资金的浪费，应将资金从该子系统中抽出转投其他子系统。

由此可知，式（1-1）给出的比较收益 $G_i^j(t)$ 可充当宏观经济系统结构失衡的判据。当我们将真实、科学而又准确的相关统计数据代入式（1-1），便可计算出 n 个子系统的比较收益。显然，比较收益不等于 1 的子系统就是结构失衡的子系统；在这些子系统中，那些比较收益数值距离 1 越远的，便是结构失衡越严重的子系统，也是结构重点调整的目标子系统。不仅如此，我们在这里讨论的比较收益概念及其计算公式（1-1），并未特指某个具体的宏观经济系统。事实上，一个社会的宏观经济系统是异常错综复杂的系统，即泛系理论创始人我国著名学者吴学谋教授认为的泛系。泛系“指广义的系统，广义的关系及其种种复合”（吴学谋，1996）。除了产业结构外，还可以有部门结构、地区结构、城乡结构、所有制结构、收入分配结构等。无论从哪个角度看，它都构成了一个宏观经济系统，都会因种种原因出现结构失衡，也都有一个对结构失衡进行测度的问题 。因此，这一概念及其计算公式，相对于宏观经济系统而言，具有最一般的普遍意义。换言之，比较收益可作为宏观经济系统结构全方位失衡的判据。

第三节 宏观经济系统结构优化的判据

现代系统科学认为，一切事物均以系统的方式存在，并且系统的内部结构决定其输出功能。因此，系统结构的优劣应以该系统的输出效益来衡量。就企业微观经济系统而言，这一点是显然的。企业效益不好，当然有外部环境方面的若干原因，但根本的原因还在于企业内部，是企业内部的某些结构（如产品结构、资本结构、债务结构、分配结构、组织人事结构、文化技术结构、性别结构、年龄结构、产权结构等）结构存在问题。应该说，宏观经济系统也不例外。虽然一个社会的宏观经济系统的输出效益要受制于该系统外部环境（如系统周边环境、国际经济乃至全球经济环境）的影响，但其内部结构的优劣却直接影响该系统的输出效益；反之，宏观经济系统输出效益的好坏也是衡量该系统内部结构优劣的依据。宏观经济系统的输出效益好坏，通常以经济增长率、失业率、通货膨胀率、基尼系数以及经济运行的稳定度（陶立新，1996）等指标来衡量。显然，一个理想的宏观经济系统，就是实现了低失业率、低通胀率、低基尼系数以及长期、持续、稳定的高经济增长的系统。这种理想的经济运行状况，不仅是人类文明社会长期追求的目标，也是其外部环境与内部结构优化的结果。依据运筹学的观点，宏观经济系统是多目标的系统。在外部环境约束的条件下，各目标都达到极值（如失业率、通胀率、基尼系数都等于零或极小，经济增长率达到最高等）的系统（或输出效益最优的系统）便可称为“最优经济系统”，相应的内部结构就是最优结构。

高失业与低增长，虽然在经济总体上意味着生产过剩、经济萧条、有效需求不足，或者在经济总体上（劳动力与资金）供给的相对过剩（即有限资源的相对浪费当然是不经济的），反映出总量失衡，但这种供大于求的总量失衡是由结构失衡造成的。这是因为：①总量过剩是由部分过剩加总的；②社会经济是发展的，人们的需求和欲望是无限的，而资源的供给总是有限的。因此，过剩永远是部分（即结构）的过剩，绝不可能出现全面的过剩。同理，高通胀、高基尼系数，反映经济过热、需求过旺、分配不公、供给相对短缺。这是一种求大于供的总量失衡，当然也是由结构失衡造成的。其理由是：①总量短缺是由部分短缺加总的；②一个社会的短缺未必是全面的短缺，而通常表现为部分（即结构）的短缺。换言之，无论是总量过剩还是总量短缺的总量失衡，都是由其内部的结构失衡造成的。因此，实现宏观经济系统最优化的前提，是解决好该系统内部结构失衡问题，即构建系统内部坚实的最优结构基础。

综上所述，一个有限资源（集中体现在劳动与资金上）在内部结构的供求上达到均衡的经济，就是一个人尽其才、物尽其力、地尽其利的经济，就是一个有限资源被充分利用、毫无闲置与浪费，并得到了优化配置的经济，也就是实现了无失业、无通胀和高增长的经济。这样的宏观经济结构当然就是最优经济结构。而这一最优经济结构的判据恰好是上述的比较收益 GBC。即有，

定理：宏观经济系统最优结构的充要条件是对任意的 $i \in I = \{i = 1, 2, \cdots, n\}$，$j = 1, 2$ 均成立 $G_i^j(t) = 1$，即

$$D_i(t) = S_i^j(t) \quad (1-2)$$

第四节　宏观经济系统结构的战略性优化

由上述定理可知，宏观经济系统结构战略性优化的方向是：

对任意的 $i \in I$ 与 $j = 1, 2$，在各自不同的相应时段内，令

$$G_i^j(t) \to 1, \text{或} S_i^j(t+1) \to D_i(t) \qquad (1-3)$$

式（1－3）意味着，下一期的资源（劳动力或资金）配置，应根据本期的需求确定，或按先兆需求确定供给。该结论在更广泛的意义上，同欧美西方各国实施"滚动计划"（规划计划预算系统 PPBS）中明确规定"以产出定投资"，实现产业结构的优化这一点不谋而合。

此外，式（1－1）所规定的比较收益 GBC，实际是一种不可抗拒的力量。它具有引导人类自发地趋向结构的进化与优化的社会功能。作为资源（包括劳动力、资金、土地、技术、管理等）所有者的个人或组织，从比较收益出发，都希望投入少产出多，所以令各自的 $G_i^j(t) > 1$。其实，就是一个社会经济系统自发的竞争、进化与优化的过程。这就是亚当·斯密设想的无宏观调控系统，即只由企业和市场共同组成的完全竞争的市场机制，便能自觉地实现供求均衡的状态，或瓦尔拉斯均衡状态，也就是零失业率与零通货膨胀率同时存在的均衡状态。但由于种种原因，瓦尔拉斯均衡不符合经济实际，从而出现了非均衡经济学（厉以宁，1991）。

事实上，实现由式（1－3）确定的宏观经济系统结构战略性优化的途径有两条：一是市场机制的自动调节与配置；二是计划机制的定向调节与配置。前者即让人们接受 GBC 力量的导向，在未来是能不受行政干扰而自发进行资源的自由流动。因而，欠发达地区和生产力水平落后的产业、行业、部门等的过剩资源，必将自发地流向较发达地区和生产力水平较先进的产业、行业和部门。后者指政府在进行结构调整，实现结构均衡（优化）过程中所起的作用，即建立并完善自由竞争的市场体系（包括产品市场、要素市场等），制定市场竞争规则，维护市场竞争秩序，编制计划，

制定宏观经济政策（包括产业发展政策在内）和地区经济发展战略，有目的、有意识地将欠发达地区和生产力水平落后的产业、行业与部门的过剩资源，自觉地调往较发达地区和生产力水平较先进的产业、行业与部门等，以促成宏观经济系统的结构均衡，而不是反其道而行。

这意味着，我们在宏观经济制度和政策的选择上应改变传统的观念。一是在人事、劳动、用工制度和就业、户籍等政策上，要做出有利于人口和人才自由流动的重大调整；二是在财政、金融、投资等政策上要向 GBC 大于 1 的地区、部门、产业、行业、所有制等方面倾斜，以便在资源有限的约束下带来更多的国民收入，而不是不分轻重缓急，“撒胡椒面”似的均摊，更不是相反，造成更多的“孤岛经济”（张龙平，1998）和无效投入；三是在收入分配政策上，不能不分付出、效率和贡献的大小，再搞平均主义“大锅饭”。

笔者以为，如果在未来的改革岁月里能排除一切干扰，按照公式(1－1)的要求，对宏观经济系统的结构进行及时、切实而又全方位的测算，并坚定不移地按 $G_i^j(t) \to 1$ 的方向进行上述宏观调控，则可以相信，宏观经济系统长远的总量均衡与全方位的结构优化将是可以期待的。

第二篇

中国东、中、西部三大区域的地区及其产业的投资与就业指南

本篇按中国地理位置分为东、中、西部三大区域讨论投资与就业问题，以各地区统计数据为依据，根据第一篇的理论、模型和方法，确定今后若干年投资与就业的最优区域、一般区域和最差区域,以及各区域的投资与就业指南。

第二章　中国东、中、西部地区及其产业的投资与就业指南

第一节　中国东、中、西部地区的投资与就业指南

一、引言

根据第一章的论证得出比较收益的概念与模型：

$$G_i^j(t) = D_i(t) / S_i^j(t) \quad (j=1, 2) \tag{2-1}$$

可知：当 $j=1$ 时，即 $G_i^1(t)$ 被称为第 i 个子系统的劳动比较收益；当 $j=2$ 时，即 $G_i^2(t)$ 被称为第 i 个子系统的资金比较收益。

而 $D_i(t)$、$S_i^1(t)$、$S_i^2(t)$，$i=1, 2, \cdots, n$ 分别为宏观经济系统的需求结构、就业结构和投资结构。

并且，认为该模型是宏观经济系统结构全方位失衡与优化的判据，即

（1）若对任意的 i，均有 $G_i^j=1$，则该宏观经济系统的供需结构完全均衡，即最优结构。

（2）若对任意的 i，均有 $G_i^j \approx 1$，即 $|G_i^j - 1| \leqslant 0.05$，则该宏观经济系统的供需结构基本均衡，即次优或较优结构。

（3）若存在某 i，使 $|G_i^j - 1| > 0.05$，则该宏观经济系统的第 i 个子系统出现供需失衡（即非优结构），且若 $G_i^j > 1.05$，则该宏观经济系统的第 i 个子系统出现供不应求的失衡；若 $G_i^j < 0.95$，则该宏观经济系统的第 i 个子系统出现供过于求的失衡。

其中，供需失衡的严重程度，可由比较收益 G_i^j 的绝对值大小来衡量并排序，作为投资与就业结构调整方向和力度的依据。下面运用该理论与方法，分析中国东、中、西部三大区域经济结构与产业结构的失衡状况，并给出结构优化的结论——投资与就业指南。

二、中国东、中、西部地区经济结构现状

众所周知，地区生产总值按支出法或最终产品法编制计算，是把社会最终使用的全部产品与劳务的价值加总起来得到的。这一价值体现了该地区所有劳动与资本结合所创造的真实需求（或有效需求）。中国31个省份（不包括港、澳、台），各地区的生产总值也就是该地区给全社会提供的需求，从而构成了中国的地区需求结构 $D_i(t)$。

为了分析中国东、中、西部地区经济结构现状，可通过中国近年来的相关统计数据（见表2－1），依次计算出各省份的需求结构向量 $D_i(t)$、就业结构向量 $S_i^1(t)$ 以及投资结构向量 $S_i^2(t)$，再将相应的数值代入公式（2－1）中，分别计算出劳动的比较收益 $G_i^1(t) = D_i(t)/S_i^1(t)$ 与资金的比较收益 $G_i^2(t) = D_i(t)/S_i^2(t)$。根据2017年的统计数据计算，得到表2－2。

表2－1　中国各省份生产总值、固定资本形成总额和就业状况（2017年）

地区	省份（i）	生产总值/亿元	固定资本形成总额/亿元	就业/万人
东部地区	北京	28 014.9	8 948.1	1 246.8
	天津	18 549.2	11 274.7	894.8
	河北	34 016.3	33 406.8	4 206.7
	辽宁	23 409.2	6 676.7	2 284.7
	上海	30 633.0	7 246.6	1 372.6
	江苏	87 988.1	53 000.2	4 757.8

续表

地区	省份（i）	生产总值/亿元	固定资本形成总额/亿元	就业/万人
东部地区	浙江	51 768.3	31 126.0	3 796.0
	福建	32 292.1	26 226.6	2 805.7
	山东	72 634.2	54 236	6 560.6
	广东	89 705.2	37 477.9	6 340.8
	海南	4 462.5	4 125.4	583.9
	合　计	473 473.0	273 745.0	34 850.4
中部地区	山西	15 528.4	5 722.2	1 914.1
	内蒙古	16 103.2	14 027.9	1 424.9
	吉林	14 944.5	13 283.9	1 488.5
	黑龙江	15 902.7	11 292.0	2 011.1
	安徽	27 018.0	29 186.0	4 377.9
	江西	20 006.3	22 085.3	2 645.6
	河南	44 552.8	44 496.9	6 767.0
	湖北	35 478.1	31 872.6	3 610.0
	湖南	33 903.0	31 328.1	3 817.2
	广西	20 396.3	17 224.8	2 8420.0
	合　计	243 833.3	220 519.7	30 898.3
西部地区	重庆	19 500.3	17 440.6	1 714.6
	四川	36 980.2	32 097.3	4 872.0
	贵州	13 540.8	15 288.0	2 023.2
	云南	16 376.3	18 936.0	2 992.7
	西藏	1 310.9	2 051.0	265.4
	陕西	21 898.8	23 819.4	2 072.0
	甘肃	7 459.9	4 751.8	1 553.8
	青海	2 624.8	3 897.1	327.0
	宁夏	3 443.6	3 813.4	375.9
	新疆	10 882.0	11 795.6	1 307.6
	合　计	134 017.6	133 890.2	17 504.2
全国	总　计	851 323.9	628 154.9	83 252.9

资料来源：中国经济与社会发展统计数据库、各省市2018年统计年鉴。

表2-2 中国东、中、西部地区及31个省份经济结构与GBC测度（2017年）

地区	省份（i）	需求结构 $D_i(t)$/%	就业结构 $S_i^1(t)$/%	劳动比较收益GBC $G_i^1(t)$	投资结构 $S_i^2(t)$/%	资金比较收益GBC $G_i^2(t)$
东部地区	北京	3.29	1.50	2.20	1.42	2.31
	天津	2.18	1.07	2.03	1.79	1.21
	河北	4.00	5.05	0.79	5.32	0.75
	辽宁	2.75	2.74	1.00	1.06	2.59
	上海	3.60	1.65	2.18	1.15	3.12
	江苏	10.34	5.71	1.81	8.44	1.22
	浙江	6.08	4.56	1.33	4.96	1.23
	福建	3.79	3.37	1.13	4.18	0.91
	山东	8.53	7.88	1.08	8.63	0.99
	广东	10.54	7.62	1.38	5.97	1.77
	海南	0.52	0.70	0.75	0.66	0.80
	合　计	55.62	41.86	1.43*	43.58	1.54**
中部地区	山西	1.82	2.30	0.79	0.91	2.00
	内蒙古	1.89	1.71	1.11	2.23	0.85
	吉林	1.76	1.79	0.98	2.11	0.83
	黑龙江	1.87	2.42	0.77	1.80	1.04
	安徽	3.17	5.26	0.60	4.65	0.68
	江西	2.35	3.18	0.74	3.52	0.67
	河南	5.23	8.13	0.64	7.08	0.74
	湖北	4.17	4.34	0.96	5.07	0.82
	湖南	3.98	4.59	0.87	4.99	0.80
	广西	2.40	3.41	0.70	2.74	0.87
	合　计	28.64	37.11	0.82*	35.11	0.93**
西部地区	重庆	2.29	2.06	1.11	2.78	0.82
	四川	4.34	5.85	0.74	5.11	0.85
	贵州	1.59	2.43	0.65	2.43	0.65
	云南	1.92	3.59	0.54	3.01	0.64
	西藏	0.15	0.32	0.48	0.33	0.47
	陕西	2.57	2.49	1.03	3.79	0.68

续表

地区	省份（i）	需求结构 D_i（t）/%	就业结构 S_i^1（t）/%	劳动比较收益 GBC G_i^1（t）	投资结构 S_i^2（t）/%	资金比较收益 GBC G_i^2（t）
西部地区	甘肃	0.88	1.87	0.47	0.76	1.16
	青海	0.31	0.39	0.78	0.62	0.50
	宁夏	0.40	0.45	0.90	0.61	0.67
	新疆	1.28	1.57	0.81	1.88	0.68
	合 计	15.74	21.03	0.75*	21.31	0.71**

注：*、**所示数值并非相关数据的合计，而是相应地区的平均值。其中，*是相应地区的劳动比较收益的平均值；**是相应地区的资金比较收益的平均值。

表2－2显示，中国东、中、西部地区经济结构（无论是劳动的供求还是资金的供求）都几乎严重失衡。

从表2－2中劳动比较收益和资金比较收益可知，全国31个省份的比较收益数据全都不等于1，说明失衡状态严重。如果把比较收益 G_i^j（t）介于0.950与1.050之间的地区称为“基本均衡地区”，此外都称为“失衡地区”，那么，除了辽宁、吉林、湖北、陕西的劳动比较收益与黑龙江、山东的资金比较收益属于均衡与基本均衡外，剩下的90%以上的地区都属于供求失衡地区。其中，西藏、上海、天津、北京、广东、浙江、福建、青海、云南、江西、安徽、重庆、甘肃、贵州、宁夏、陕西、河南、广西、内蒙古、四川等省份的供求失衡尤为严重。甘肃的劳动比较收益为0.47，属于最低，而北京的劳动比较收益为2.20，属于最高。这表明，北京和甘肃是我国生产力水平高低的两个极端。西藏的资金比较收益为0.47，属于最低，而上海则为3.12，属于最高。这意味着，上海和西藏是我国投资效果好坏的两个极端。

就中、东、西部三大区域而言，表2－2的数据显示，劳动与资金的供求尽管与以往比较（2011年以前，特别是2008年）有很大进步，但依然都严重失衡。东部地区11个省份的劳动比较收益平均值为1.43，资金的比较收益为1.54（都大于1），是中国劳动与资金效益最好的地区，既代表了中国现阶段社会生产力的发展方向，也表明东部地区劳动与资金的供给相对不足，应加大对该地区劳动的投入力度并成为下一轮投资的重点与热点；中部地区10个省份的劳动比较收益平均值与资金比较收益平均值分别为0.82（远小于1）与0.93（约等于1），表明该地区劳动的供给过剩，但资金的供给基本均衡，其过剩的劳动力应设法尽快地转移到东部地区；西部地区10个省份，除重庆和陕西两地的劳动供给以及甘肃的资金供给稍显不足外，该地区无论是劳动供给（0.75远小于1）还是资金供给（0.71远小于1）都严重过剩，依然是中国社会生产力最低、资金效益较差的地区，也是我国较贫困落后的地区。

由于比较收益GBC是两个百分数（即供求结构）之比，故GBC=1则表明供求均衡。某地区劳动比较收益大于1，就表明该地区以相对较少的劳动创造了相对较多的社会需求，因而劳动生产力水平较高，劳动的比较收益就较多。例如，北京以占全国1.5%的劳动力创造了占全国3.29%的社会需求。因而，北京的劳动比较收益为2.20（即3.29/1.5），说明北京的劳动生产力水平远远超出中国其他30个省份。甘肃的劳动生产力水平最低，其劳动比较收益仅为0.47（即0.88/1.87），说明甘肃以占全国1.87%的劳动力只创造了占全国0.88%的社会需求。

因此，就劳动比较收益的高低而言，中国31个省份可做如下排序：

北京、上海、天津、江苏、广东、浙江、福建、内蒙古、重庆、山东、陕西、辽宁、吉林、湖北、宁夏、湖南、新疆、山西、河北、青海、黑龙江、海南、四川、江西、广西、贵州、河南、安徽、云南、西藏、甘肃。

同理，某个地区资金比较收益大于1，就表明该地区以相对较少的资金投入创造了相对较多的社会需求，因此该地区的投资效益较好。例如，北京以占全国1.42%的投资比例创造了占全国3.29%的社会需求。因而，上海的资金比较收益为3.12（即3.60/1.15）。这意味着上海的投资效益远远超出了全国其他30个省份。西藏的投资效益排名偏后，因为其投资总额占了全国总投资的0.33%，然而只创造了占全国0.15%的社会需求。

因此，就资金比较收益的高低而言，中国31个省份又可做如下排序：

上海、辽宁、北京、山西、广东、浙江、江苏、天津、甘肃、黑龙江、山东、福建、广西、内蒙古、四川、吉林、湖北、重庆、湖南、海南、河北、河南、安徽、陕西、新疆、江西、宁夏、贵州、云南、青海、西藏。

三、基本结论

若按中国地理位置分为东、中、西部三大区域讨论，则由表2－2可知，无论是按劳动比较收益还是资金比较收益进行比较，三大区域排序均为：东部、中部、西部。

因此，对三大区域而言，投资与就业的最优区域——东部；一般区域——中部；排名偏后区域——西部。

这就是中国东、中、西部三大区域及其31个省份地区经济结构及其相应的劳动比较收益与资金比较收益高低排序的基本现状，也是我国未来若干年就业与投资基本去向的参考。

四、中国东、中、西部地区经济结构演变的可喜成就及其引以为戒的教训

2012年，笔者曾用1999年、2008年的统计数据，分别计算出如表2－3、表2－4所示中国东、中、西部地区及31个省份经济结构与GBC测度状况，并发表论文《我国东、中、西部地区经济结构的失衡与优化分析》，提出了对当时中国经济结构优化问题的政策性建议。如果将表2－2与表2－3、表2－4进行对比可知，9年来中国地区经济结构发生的演变及其今后在结构调整与优化方面应该吸取的经验和教训。

表 2－3　中国东、中、西部地区及 31 个省份经济结构与 GBC 测度（2008 年）

地区	省份（i）	需求结构 $D_i(t)$ /%	就业结构 $S_i^1(t)$ /%	劳动比较收益 GBC $G_i^1(t)$	投资结构 $S_i^2(t)$ /%	资金比较收益 GBC $G_i^2(t)$
东部地区	北京	0.032 1	0.016 1	1.993 8	0.023 5	1.366 0
	天津	0.019 4	0.006 9	2.811 6	0.023 5	0.825 5
	河北	0.049 5	0.050 1	0.988 0	0.052 6	0.941 1
	辽宁	0.041 1	0.028 8	1.427 1	0.062 6	0.656 5
	上海	0.041 9	0.012 3	3.406 5	0.034 0	1.232 4
	江苏	0.092 6	0.060 1	1.540 8	0.090 4	1.024 3
	浙江	0.065 7	0.050 6	1.298 4	0.058 7	1.119 3
	福建	0.033 1	0.028 5	1.161 4	0.035 1	0.943 0
	山东	0.095 0	0.073 4	1.294 3	0.088 6	1.072 2
	广东	0.109 1	0.075 1	1.454 7	0.071 5	1.525 9
	海南	0.004 5	0.005 7	0.789 5	0.004 6	0.978 3
	合　计	0.583 8	0.407 2	1.433 7*	0.526 3	1.109 3**
中部地区	山西	0.021 2	0.021 7	0.977 0	0.022 5	0.942 2
	内蒙古	0.023 7	0.015 1	1.569 5	0.035 1	0.669 5
	吉林	0.019 6	0.015 7	1.248 4	0.035 1	0.558 4
	黑龙江	0.025 4	0.022 9	1.109 2	0.022 9	1.109 2
	安徽	0.027 1	0.049 3	0.549 7	0.026 9	1.007 4
	江西	0.019 8	0.030 5	0.649 2	0.020 1	0.985 1
	河南	0.056 3	0.080 0	0.703 8	0.065 4	0.860 9
	湖北	0.034 6	0.039 4	0.878 2	0.033 6	1.029 8
	湖南	0.034 1	0.052 3	0.652 0	0.034 3	0.994 2
	广西	0.021 9	0.038 5	0.568 8	0.022 3	0.982 1
	合计	0.283 8	0.365 4	0.776 7*	0.318 3	0.891 6**
西部地区	重庆	0.015 6	0.025 2	0.619 0	0.022 7	0.687 2
	四川	0.038 2	0.066 8	0.571 9	0.041 2	0.927 2
	贵州	0.010 2	0.031 6	0.322 8	0.010 6	0.962 3
	云南	0.017 4	0.036 7	0.474 1	0.016 5	1.054 5
	西藏	0.001 2	0.002 2	0.545 5	0.002 0	0.600 0
	陕西	0.020 9	0.026 7	0.782 8	0.028 6	0.730 8
	甘肃	0.005 3	0.019 0	0.278 9	0.010 9	0.486 2
	青海	0.002 9	0.003 8	0.763 2	0.003 7	0.783 8
	宁夏	0.003 4	0.004 2	0.809 5	0.005 4	0.629 6
	新疆	0.012 8	0.011 2	1.142 9	0.014 0	0.914 3
	合　计	0.132 4	0.227 4	0.582 2*	0.155 4	0.852 0**

注：*、**所示数值并非相关数据的合计，而是相应地区的平均值。其中，*是相应地区的劳动比较收益的平均值；**是相应地区的资金比较收益的平均值。

表 2－4　中国东、中、西部地区及 31 个省份经济结构与 GBC 测度（2011 年）

地区	省份 (i)	需求结构 D_i (t) /%	就业结构 S_i^1 (t) /%	劳动比较收益 GBC G_i^1 (t)	投资结构 $S_i^2(t)$ /%	资金比较收益 GBC G_i^2 (t)
东部地区	北京	0.031	0.034	0.915	0.018	1.722
	天津	0.022	0.010 9	2.018	0.023	0.957
	河北	0.047	0.034	1.374	0.054	0.870
	辽宁	0.043	0.042	1.014	0.025	1.720
	上海	0.037	0.035	1.069	0.016	2.313
	江苏	0.094	0.102	0.921	0.087	1.080
	浙江	0.062	0.076	0.814	0.046	1.384
	福建	0.037	0.035	1.057	0.032	1.156
	山东	0.087	0.068	1.274	0.087	1.000
	广东	0.102	0.094	1.084	0.056	1.821
	海南	0.005	0.006	0.820	0.005	1.000
	合　计	0.562 9	0.537 8	0.1046 7 *	0.483 9	1.163 3 **
中部地区	山西	0.020	0.019 4	1.134 0	0.023	0.957
	内蒙古	0.028	0.017 7	1.581 9	0.034	0.824
	吉林	0.020	0.020 3	0.985 2	0.024	0.833
	黑龙江	0.024	0.026 5	0.905 7	0.024	1.000
	安徽	0.029	0.032 1	0.841 1	0.041	0.707
	江西	0.022	0.030 8	0.714 3	0.030	0.733
	河南	0.052	0.045 8	1.135 4	0.058	0.897
	湖北	0.038	0.042 8	0.887 9	0.041	0.927
	湖南	0.038	0.038 2	0.994 8	0.039	0.974
	广西	0.022	0.023 6	0.932 2	0.026	0.085
	合　计	0.294 8	0.297 2	0.991 9 *	0.340 4	0.866 0 **
西部地区	重庆	0.019	0.025 0	0.76	0.024	0.792
	四川	0.040	0.041 9	0.954 7	0.047	0.851
	贵州	0.011	0.012 5	0.88	0.014	0.786
	云南	0.017	0.027 8	0.611 5	0.020	0.850
	西藏	0.001	0.002 4	0.416 7	0.002	0.500
	陕西	0.024	0.022 6	1.061 9	0.031	0.774
	甘肃	0.010	0.011 8	0.847 5	0.013	0.769
	青海	0.003	0.003 7	0.810 8	0.005	0.600
	宁夏	0.004	0.005 1	0.784 3	0.005	0.800
	新疆	0.013	0.012 2	1.065 6	0.015	0.867
	合　计	0.142	0.165 1	0.860 1 *	0.175 7	0.808 2 **

资料来源：《中国统计摘要2012》。

注：* 与 ** 所示数值并非相关数据的合计，而是相应地区的平均值。其中，* 是相应地区的劳动比较收益的平均值；** 是相应地区的资金比较收益的平均值。

（一）中国东、中、西部地区经济结构演变状况

在就业结构方面，东部地区劳动就业的比例由12年前（2008年）的40.72%上升到9年前（2011年）的53.78%，但又下降到2017年的41.86%，说明12年来东部地区也确实接纳了不少中、西部地区的劳动力就业，但在国家作出西部大开发决定以后，东部地区劳动力就业的比例大大下降。

在劳动比较收益方面，东部地区曾有所下降（由1.433 7降至1.0467），但2017年又上升到1.43；中部地区有上升（由0.776 7升至0.991 9），但2017年又下降到0.82；西部地区也有上升（由0.582 2升至0.860 1）但2017年又下降到0.75，可见升降的幅度都很小。这些都反映出在收入分配方面，12年前中国三大地区差别很大。

但12年来，中国的劳动比较收益现象有所改变，差距在快速缩小。

东部地区虽然有所下降（由1.433 7降至1.046 7），但中部地区已有大幅度上升（由0.776 7升至0.991 9），几乎等于最优状况（等于1）；而西部地区不仅结束了下降，而且还有了大幅度提升（由0.582 2升至0.860 1）。这说明，随着经济结构的调整，中国的就业结构已朝着最优化方向发展，并取得了令人欣慰的成绩。

在投资结构方面，虽然中、西部地区十几年来投资占全国的比例有所增加，分别由2008年与2011年的0.318 3与0.155 4增加到近十年后的0.351 1与0.213 1。但资金的比较收益却令人失望，分别由原来的1.199 4与0.892 3下降至0.93与0.71；而东部地区则刚好相反，由原来的0.946 5上升到1.13。这说明，东部地区十几年来投资占全国的比例虽有所下降，但投资效益却明显上升。尤其是上海、辽宁与北京（其资金比较收益分别为3.12、2.59、2.31）分别位居全国的第1、2、3位，遥遥领先。

（二）31 个省份经济结构演变状况

在劳动比较收益方面，全国的排序如上述，但 12 年前由高至低的排序却是：上海、天津、北京、内蒙古、江苏、广东、辽宁、浙江、山东、吉林、福建、新疆、黑龙江、河北、山西、湖北、宁夏、海南、陕西、青海、河南、湖南、江西、重庆、四川、广西、安徽、西藏、云南、贵州、甘肃。其中，变化比较大的是重庆、内蒙古、河南、福建和黑龙江。重庆由 12 年前的第 24 位上升至现在的第 9 位；福建由 12 年前的第 11 位上升至现在的第 7 位；而内蒙古、河南和黑龙江则由 12 年前的第 4 位、第 21 位和第 13 位分别下降至现在的第 8 位、第 27 位和第 21 位。其他各省份的排名，除个别地区外，基本上都有变化。

在资金比较收益方面，12 年前由高至低的排序是：广东、北京、上海、浙江、黑龙江、山东、云南、湖北、江苏、安徽、湖南、江西、广西、海南、贵州、福建、山西、河北、四川、新疆、河南、天津、青海、陕西、重庆、内蒙古、辽宁、宁夏、西藏、吉林、甘肃。这方面的变化具有三大特点：其一，东部地区除个别省份如海南、河北（资金比较收益小于 1）以外，全都提升到效益可佳或供求均衡。其中，变化最大的是辽宁，由 12 年前的第 27 位跃居 2017 年的第 2 位。山西、甘肃的资金比较收益变化也非常大，分别由 12 年前的第 17 位和第 23 位上升到 2017 年的全国第 4 位和第 9 位。其二，中部地区除了山西以外，资金比较收益全都是低效益（资金比较收益都远远小于 1）。其中，江西、安徽分别由 12 年前的第 13 位和第 10 位降至 2017 年的第 26 位和第 23 位。其三，西部地区除甘肃的资金比较收益具有非凡的进展（从 12 年前的全国第末位上升到 2017 年的全国第 9 位）外，其他 9 个省份（四川、重庆、陕西、新疆、宁夏、贵州、云南、青海、西藏分别排名为第 15、18、23、24、26、27、28、29、31 位）的资金比较收益非但没有进展，而且全国排名全都靠后。

（三）经济结构演变状况说明的问题以及应吸取的经验教训

笔者以为，经济结构上述的演变状况，实际上是告诉人们如下几个问题以及理应引起重视的若干教训。

1. 造成经济结构失衡的主要原因是传统计划经济体制在资源配置方面的后遗症

（1）人力资源的流动性障碍。既然东部地区的劳动资源供应不足，就应该让其自由流动而不受户籍、用工等制度的约束。劳动资源肯定会按劳动比较收益的高低自觉选择收益高的地方、产业、行业和单位就业。因此，劳动资源的供求平衡基本上可以按市场经济法则达成。政府和社会可做的事情是放松对户籍、用工制度的约束，加大对教育与培训的投入，以便让更多的劳动者既可自由流动，又具备适应产业结构转化与升级的就业能力。事实上，经过十几年的政策调整，这方面的障碍已得到相应的解决，人力资源的流动出现重大进展和成就，但还须进一步放松，以便使劳动力更自由地流动。

（2）计划投资的盲目性与无偿性。中华人民共和国成立71周年，计划经济体制的投资盲目性与无偿性已有30余年。这一传统虽有所改变，但变化不大。这就是为什么投资效益出现不均衡的根本原因。投资不问效益，哪里该投、哪里不该投、哪里该多投、哪里该少投，什么项目该不该投，该投多少，投下去的资金是否能尽快回收，会不会亏损等，事先未必有充分的论证和理由。明知全国比较起来西部地区投资效益较差，为什么还要增加对西部的投资呢？又为什么对中部地区增加的投资反而会造成投资效益普遍大幅度下降呢？依据2008年的数据，应该说投资地区没有选错，那么投资项目是否有问题呢？不然，为什么会造成投资过剩，效益大幅度下降的局面？

（3）经济决策的浓厚政治性色彩。经济决策的浓厚政治性色彩是长期以来中国计划经济体制形成的重要弊端之一。之所以会增加对中、西部地区的投资，其重要原因与我国在21世纪初先后提出西部大开发与中部崛起的两项战略决策有关。笔者曾发表文章指出："在未来五至十年甚至更长的时间内，如果中央政府想在地区结构的调整与优化方面发挥作用的话，那么，其关心的重点不应该放在目前呼声很高的所谓'西部大开发战略'上，更不是去做那些与地区结构战略性优化的方向相反而行之事，而是应该把主要的精力放在健全与完善如上所述的市场、政策与法规体系上，努力创造一个以市场作为对资源配置起基础性作用的局面。政府在发挥宏观调控职能方面可以也应该引导资源的地区配置，甚至可直接用人与投资。但无论是直接还是间接使用资源，都必须接受GBC的引导，克服盲目性。"

事实上，从表2-4中可知，中、西部地区的资金比较收益在4年前就已经远远小于1了，分别等于0.866 0和0.808 2，说明投资已经大大过剩了。但这两个地区的投资比例却依然比以前有所增加，分别从2011年的34.04%和17.57%上升至2017年的35.11%和21.31%。

2. 提高人民的收入与消费水平，走扩大内需之路

表2-2、表2-3、表2-4所示的中国地区经济结构演变及现状表明，凡是沿边的省份（即与国外交界或沿海的省份）投资效益与劳动效益都趋好，如东南地区沿海省份：辽宁、河北、北京、天津、山东、江苏、上海、浙江、福建、广东、广西，西南地区的云南、西北地区的新疆、东北地区的黑龙江和吉林以及北部地区的内蒙古、山西；而差的是非沿边的中部省份：江西、安徽、河南、陕西、青海、湖南、四川、重庆、贵州等。宁夏与西藏虽然也沿边，即分别同印度与蒙古国等接壤，但不是交通不便就是没有太多贸易往来，所以效益很差。这说明改革开放以来尤其是21世纪这20年，我国经济效益的上升主要依靠的是出口外贸的收入，内需的影响不大。随着世界经济的发展变化，中国要能持续、长期、稳定、高速地

发展，就不能再继续依赖以出口为主的外向型经济模式，而必须做相应的调整，其关键是扩大内需。我国人口在世界上位居第一，消费空间和规模非常巨大，号称“全球第一”，只是人民目前的收入与消费水平太低，有效需求不足。这一事实告诉我们，必须尽快提高人民（尤其是农村百姓）的收入与消费水平，走扩大内需之路。这既是中国长期、持续、稳定、健康、高速发展的长远之计，也是中国地区经济结构调整与优化的战略选择，更是中国共产党为国为民的根本宗旨以及党的十九大会议精神之所在。

五、中国东、中、西部地区经济结构优化的战略方向、途径、重点与措施

（一）战略方向与途径

根据第一章的理论依据所论证过的下述宏观经济系统最优结构定理，宏观经济系统最优结构的充要条件是：

对任意的 $i \in I = \{i=1, 2, \cdots, n\}$，$j=1, 2$ 均成立 $G_i^j(t)=1$，即

$$D_i(t) = S_i^j(t) \tag{2-2}$$

由此定理易知，宏观经济系统结构（包括地区经济结构）战略性优化的方向就是：

对任意的 $i \in I$ 与 $j=1, 2$，在各自不同的相应时段内令

$$G_i^j(t) \to 1，或 S_i^j(t+1) \to D_i(t) \tag{2-3}$$

公式（2-3）意味着下一期的资源（劳动力或资金）配置应根据本期的需求确定，即按先兆需求确定供给。该结论在更广泛的意义上同欧美西方各国实施“滚动计划”（规划计划预算系统 PPBS）中明确规定的“以产出定投资”以实现结构优化这一点不谋而合。

实现由公式（2-3）所确定的地区经济结构战略性优化的途径有

两条：

一是市场机制的自动调节与配置；二是计划机制的定向调节与配置。前者即让人们接受GBC力量的导向，在未来能不受行政干扰而自发地进行资源的自由流动。因此，欠发达地区的过剩资源必将自发地流向较发达地区。后者指政府在进行结构调整，实现结构均衡（优化）过程中所起的作用，即建立并完善自由竞争的市场体系（包括产品市场、要素市场等），制定市场竞争规则，维护市场竞争环境，编制计划，制定宏观经济政策和地区经济发展战略，有目的、有意识地将生产力水平欠发达地区的过剩资源自觉地调往生产力水平较发达地区，以促成地区经济结构的均衡，而不是相反。

（二）战略重点、难点——基本结论——中国东、中、西部地区投资与就业指南

所谓经济结构的优化，就是通过各种途径和措施，将非均衡（或称为"失衡"）的经济结构调整到基本均衡的过程。根据上述的结构现状以及上述资料分析，中国地区经济结构的优化重点、难点——基本结论——东、中、西部地区投资与就业指南应该如下。

（1）重点与难点都是劳动力的转移，特别是农村劳动力的转移。因为这不仅涉及方方面面的利益调整，更涉及农村劳动力转移能力的提升。

（2）在劳动力的配置方面，应将中、西部地区过剩的劳动力尽量设法往东部地区转移，以便实现我国劳动力的供求均衡。劳动力转移的重点顺序依次是北京、上海、天津、江苏、广东、浙江、福建、内蒙古、重庆、山东、陕西。

（3）在资金的配置方面，无论是引进外资还是国内的有限资金，今后投资的方向主要是东部地区和沿边省份，尤其是投资效益高的省份。其重点顺序依次是上海、辽宁、北京、山西、广东、浙江、江苏、天津、甘

肃、黑龙江。

结构调整的原则就是GBC数值距离1越远的省份越是调整的重点，其获得调整的力度应该越大。

笔者以为，如果在未来的改革过程中，能排除一切干扰，按照公式（2-1）的要求对地区经济结构进行及时、准确而又切实的测算，并坚定不移地按 $G_i^j(t) \to 1$ 的方向进行上述宏观调控，再配以产业结构、城乡结构、所有制结构等结构的战略性调整与优化，则可以相信，中国东、中、西部地区经济结构的战略性优化将是可以期待的。

第二节　中国三次产业的投资与就业指南

一、中国三次产业的投资与就业结构现状及其战略性优化——投资与就业指南

上述理论、模型和方法同样可以用于探讨产业投资与就业。只要将中国产业结构（即产业的需求结构）、产业的投资结构和就业结构现状（见表2-5）及其相应的比较收益计算出来并进行比较即可，计算方法同上，其结果见表2-6与表2-7。

表2-5　中国三次产业的生产总值、固定资产投资总额和就业状况（2017年）

产业（i）	产业生产总值/亿元	固定资产投资总额/亿元	就业/万人
第一产业	65 467.6	22 962.0	20 944.0
第二产业	334 622.6	236 049.3	21 824.0
第三产业	427 031.5	382 227.1	34 872.0
合计	827 121.7	641 238.4	77 640.0

资料来源：中国经济与社会发展统计数据库、中国宏观经济数据库。

表 2-6 中国产业结构与 GBC 测度（2012 年）

产业（i）	需求结构 $Di\ (t)$ /%	就业结构 $S_i^1\ (t)$ /%	劳动比较收益 GBC $G_i^1\ (t)$	投资结构 $S_i^2\ (t)$ /%	资金比较收益 GBC $G_i^2\ (t)$
第一产业	7.92	26.98	0.29	3.58	2.21
第二产业	40.46	28.11	1.44	36.81	1.10
第三产业	51.62	44.91	1.15	59.61	0.87
合计	100.00	100.00	—	100.00	—

表 2-7 中国产业结构与 GBC 测度（2017 年）

产业（i）	需求结构 $D_i\ (t)$ /%	就业结构 $S_i^1\ (t)$ /%	劳动比较收益 GBC $G_i^1\ (t)$	投资结构 $S_i^2\ (t)$ /%	资金比较收益 GBC $G_i^2\ (t)$
第一产业	10.09	2.98	4.10	2.46	3.39
第二产业	45.32	42.68	0.95	47.46	1.06
第三产业	44.59	54.34	0.89	50.08	0.82
合计	100.00	100.00	—	100.00	—

表 2-6、表 2-7 显示，中国 2012 年与 2017 年三次产业的供求总体来说有巨大变化。特别是第一产业的劳动比较收益由 8 年前的严重过剩（$\ll 0.29 \ll 1$）变成了严重短缺（$4.10 \gg 1$）。三次产业的劳动与资金的比较收益共 6 个项目，有 4 个项目（第二产业的劳动比较收益和第一、二、三产业的资金比较收益都是朝着 1 的方向趋近）是朝着正确方向转移的。这说明五年来，中国产业结构调整有所成绩，值得肯定。但除了第二产业的劳动比较收益外，其他 5 个项目依然严重失衡（因为 $|G_i^j - 1| \gg 0.05$），尤其第一产业的劳动与资金比较收益都依然远离 1。这意味着产业结构调整与优化任务依然繁重，必须选准方向，加大力度。

就劳动的比较收益而言，2012 年第一产业的劳动供给已经变得严重过剩（$G_2^1\ (t) = 0.29 \ll 1$）。而第二、第三产业劳动的供给又不足（$G_2^1(t) = 1.44$、$1.15 \gg 1$）。这反映了中国第一产业即农业生产力水平几年来迅猛下降，所以应将第一产业的大量剩余劳动力转移到第二、第三产业中。

就资金的比较收益而言，表 2－6、表 2－7 的数据显示，2017 年第三产业投资虽然较 2012 年有些许进步，但依然投资过剩（$G_{23}(t)=0.87\ll 1$）；第一产业投资虽然较 2012 年亦有些许进步，但依然严重不足（$G_{21}(t)=2.21\gg 1$），不及第三产业的（0.87/2.21）＜39% 和第二产业的（1.10/2.21）＜50%。这说明中国对第一产业（农业）的资金依然“欠账”太多。这意味着应尽快地调整投资结构，将第三产业的大量过剩与无效投资转移到第一产业中。

二、中国产业结构战略性优化的关键所在：第一、第三产业结构的对应调整

根据以上对表 2－6 的分析可知，中国产业结构战略性优化的关键在于第一、第三产业结构的对应调整。一方面，尽快地将第三产业的大量剩余劳动力转移到第一产业中；另一方面，应该控制对第三产业的投资，而着力向第一产业加大投资力度和规模。问题是如何进行资金与劳动力在产业间的转移。

众所周知，产业结构调整和优化不是一朝一夕之功，同宏观经济系统的其他结构优化问题一样，是需要从总体上进行长远谋划的战略性问题：需要选择优化的方向、途径与重点，确定优化的目标、难点与力度，制定优化的政策、法规与措施等，既不能急于求成，又不能旷日持久，而必须分阶段、按步骤、有条不紊地抵达目标。

（一）战略方向与途径

根据前述宏观经济系统的最优结构定理，宏观经济系统最优结构的充要条件是：

对任意的 $i\in I=\{i=1, 2, \cdots, n\}$，$j=1, 2$ 均成立 $G_i^j(t)=1$，即

$$D_i(t) = S_i^j(t) \qquad (2-4)$$

以及宏观经济系统结构（包括产业结构）战略性优化的方向是：

对任意的 $i \in I$ 与 $j=1, 2$，在各自不同的相应时段内令

$$G_i^j(t) \to 1, \quad 或 S_i^j(t+1) \to D_i(t) \qquad (2-5)$$

事实上，我们曾经以1985—1999年的相关数据分析过全国就业结构的演进态势，确切地表明中国正在势不可挡地走向现代文明：第一产业的构成分额趋降，第二、第三产业的构成分额趋升，其推动力就是GBC。第二、第三产业的GBC（>1）对第一产业的GBC（≪1）具有强大的吸引势差。如前文所述，12年来，第一产业的GBC越来越低，迫使大批第一产业（即农村）的劳动人口自发地涌向比较发达的沿海地区城市和第二、第三产业，形成广为关注的“民工潮”，这也正是由GBC的导向所致。这在本质上是一股进步的潮流，是一种由“看不见的手”指挥的、积极地谋求“社会公道”的力量。正是这种“硬的不怕，软的不吃”的讲求公道，旨在GBC的力量，促进了社会和人类的共同进化。

实现由公式（2-5）确定的结构战略性优化的途径有两条：一是市场机制的自动调节与配置；二是计划机制的定向调节与配置。

前者即让人们接受GBC力量的导向，在未来不受行政干扰而自发地进行资源的自由流动。因此，就产业结构的调整与优化而言，生产力水平较落后（比较收益<1）产业的过剩资源，必将自发地流向生产力水平较先进的产业。

后者指政府在进行结构调整，实现结构均衡（优化）过程中所起的作用，即建立并完善自由竞争的市场体系（包括产品市场、要素市场等），制定市场竞争规则，维护市场竞争秩序，编制计划，制定宏观经济政策（包括产业发展政策在内）和地区经济发展战略，有目的、有意识地将生产力水平较落后（比较收益<1）产业的过剩资源，调往生产力水平较先进的产业，以促进产业结构的均衡，而不是相反。

（二）战略目标、重点与难点

中国已确立了要在21世纪中叶达到中等发达国家的水平。通常中等发达国家的三次产业结构，无论是国内生产总值的比重（需求结构）还是从业人员占全社会从业人员的比重（就业结构）基本上都是第一产业低于10%，第二产业低于40%，第三产业高于50%。而表2-6所示的中国这两个结构与中等发达国家相比都相差甚远。鉴于此，笔者以为，中国产业结构调整与优化的战略目标应分为近期、中期与远期三种：近期目标，即到2020年需求结构与就业结构分别为：9%、45%、46%和28%、33%、39%；中期目标，即到2030年需求结构与就业结构分别为8%、42%、50%和20%、35%、45%；长期目标，即到2045年需求结构与就业结构分别为6%、38%、56%和10%、34%、56%。这意味着，在2012年的基础上，未来的7年内有占全国近9.68%和15.34%的从业人员要逐渐地从第二、第三产业转移至农村。因此，就业结构调整的重点是如何将第二、第三产业的过剩劳动力转移至农村，而难点则是第一产业对第二、第三产业劳动人口大规模的吸纳。

同理，2020年中国第一、二、三产业的投资结构目标似乎应确定为8%、46%、46%。这意味着，在2012年的基础上，未来的7年内分别有超过全社会投资总额近4.8%和1.46%的资金要逐渐地从第三、第二产业转移至第一产业。因此，投资结构调整的重点与难点都是如何将第三产业的过剩资金移出。显然，未来若干年中国的投资重点是转向第一产业，特别是通过风险投资基金的方式，转向该产业中的高科技产业。

（三）战略步骤与措施

依公式（2-1）所规定的最优结构的判据来衡量，上面所确定的7年内产业结构调整的战略目标与最优结构（1，1，1）依然相差甚远。其中，尤以三次产业间的就业结构和第一、第三产业间的投资结构为甚。尽管如此，这一战略目标却是沿着公式（2－3）所规定的结构优化方向前进的。因此，这里所制定的目标可作为中国产业结构调整初期目标的参考。由于产业结构历史性的严重失衡，结构的优化不可能一步到位，而是需要经过相当长的时期才能逐步地实现结构优化。

为了实现中国产业结构的战略性优化，根据以上分析，我们在宏观经济制度和政策措施的选择上，必须从根本上改变传统的观念和做法。一是在人事、劳动、用工制度和就业、户籍等政策上要做出有利于人口和人才自由流动的重大调整。二是在财政、金融、投资等政策上要向 GBC＞1 的产业倾斜，以便在有限的资源约束下带来更多的国民收入，而不是不分轻重缓急，“撒胡椒面”似的均摊，更不是相反，造成更多的无效投入。三是在收入分配政策上不能不分付出、效率和贡献的大小，再搞平均主义大锅饭。四是农村劳动力转移的关键——加大对教育（尤其是资金）的投入。

为了加快中国产业结构的战略性优化进程，要特别注意解决制约这一进程的两大因素：一是高素质人才的匮乏；二是稀缺资金的来源与投向。

就表 2－7 所反映的中国产业结构严重失衡的现状而言，笔者认为：

（1）要创造促使人力资源更加自由流动的劳动、人事、用工、户籍等制度的良好环境，让人们在任何产业都拥有公平竞争的就业机会。

（2）资金是中国未来发展的稀缺资源，长期以来浪费在除教育以外的第三产业上。中国今天和未来投资的重点，不应该再是投资效益差的第三产业，而恰恰应是长达几十年被忽略的第一产业以及投资不足的第二产业，特别是这两个产业中的高新技术产业。

世界贸易组织（WTO）的一条重要原则是非歧视性。这是一条为国际社会所普遍遵循的原则。因此，为了弥补资金的不足，扩展资金的来源，要尽量吸引民间资金与引进外资。在这方面不应该存在政策上的产业歧视，而是要积极创造催生风险投资基金的条件，并且让资金的所有者在任何产业都拥有平等自由的投资空间。

资金的投向应该向教育倾斜。借鉴国际经验，第二次世界大战后日本尽管战败但之所以能迅速崛起，经济跃居世界第二位，其根本原因就是重视教育，尤其是对教育的资金投入。1962 年 11 月，日本文部省颁布《教育白皮书》正式宣布教育经费是经济投资的一部分，把“教育投资论”作为日本政府办教育事业的行动方针。

所谓“教育投资论”是将教育支出视为“人力资本的最大投资”，取得“将来收入的投资”，即把人看作资源，把教育视为发展经济的手段。这一思想理论的盛行对日本社会产生了深远影响，导致日本各大企业与政府不断增加教育投资。统计数据表明，1950—1972 年教育经费增加 25 倍，并在日本政府的行政费用中，教育经费占 20% 以上，为资本主义国家之最。其总体教育经费通常占国民生产总值的 6% 左右，多时达 6.8%。而我国却长期低于 4%，通常为 1% ~3%。

（3）中国拥有异常丰富的人力资源，但由于教育发展的滞后和人才政策（特别是知识分子政策，其中尤其是知识分子的收入分配政策）长期扭曲等原因，适应产业结构大规模战略性调整与升级的高素质人才资源却异常匮乏。因此，一方面要不惜一切地全方位（基础教育、专业教育、职业教育、不同层次的学历教育以及终身教育等）抓好教育，加大对教育的资金投入（建议每年教育投入占国民生产总值的 6% 以上），取消对教育的垄断，规范教育市场，大规模提高教师群体待遇。另一方面，要切实调整好人才政策，做好人才的科学评估、选拔、引进、培养和使用工作，特别要做好知识分子价值的科学评估。在此基础上，实事求是地大幅度提高知识分子的经济地位，让“国内知识分子真正愿意留下且令国外知识分子羡慕、向往以至于纷纷申请移民中国大陆”。唯此，才能够解决好第二、第三产业大规模吸纳第一产业过剩劳动人口的难题，并为中国产业结构多元化与高度化（战略性优化）以及城市化提供强有力的人力资源支撑。

第三章　东部地区——最优区域的地区及其产业的投资与就业指南

由第二章可知，按东、中、西部三大区域划分，中国东部地区是投资与就业的最优区域。本章根据基础篇提供的理论依据、模型和方法，利用统计数据进行计算与分析，并给出该地区的投资与就业指南。

第一节　东部地区——最优区域的地区投资与就业指南

一、中国东部地区的地区经济结构现状

中国东部地区各省份2017年地区生产总值、固定资本形成总额与就业状况见表3－1。

表3－1　中国东部地区各省份地区生产总值、固定资本形成总额和就业状况（2017年）

地区	省份（i）	地区生产总值/亿元	固定资本形成总额/亿元	就业/万人
东部地区	北京	28 014.9	8 948.1	1 246.8
	天津	18 549.2	11 274.7	894.8
	河北	34 016.3	33 406.8	4 206.7
	辽宁	23 409.2	6 676.7	2 284.7
	上海	30 633.0	7 246.6	1 372.6
	江苏	87 988.1	53 000.2	4 757.8

续表

地区	省份（i）	地区生产总值/亿元	固定资本形成总额/亿元	就业/万人
东部地区	浙江	51 768.3	31 126.0	3 796.0
	福建	32 292.1	26 226.6	2 805.7
	山东	72 634.2	54 236.0	6 560.6
	广东	89 705.2	37 477.9	6 340.8
	海南	4 462.5	4 125.4	583.9
	合　计	473 473.0	273 745.0	34 850.4

资料来源：中国经济与社会发展统计数据库、各省份2018年统计年鉴。

根据表3－1提供的数据，应用基础篇中相关计算公式得出相应数据，见表3－2。

表3－2　中国东部地区各省份经济结构与GBC测度（2017年）

地区	省份（i）	需求结构 $D_i(t)$ /%	就业结构 $S_i^1(t)$ /%	劳动比较收益GBC $G_i^1(t)$	投资结构 $S_i^2(t)$ /%	资金比较收益GBC $G_i^2(t)$
东部地区	北京	5.92	3.58	1.65	3.27	1.81
	天津	3.92	2.57	1.53	4.12	0.95
	河北	7.18	12.07	0.60	12.20	0.59
	辽宁	4.94	6.56	0.75	2.44	2.03
	上海	6.47	3.94	1.64	2.65	2.44
	江苏	18.58	13.65	1.36	19.36	0.96
	浙江	10.93	10.89	1.00	11.37	0.96
	福建	6.82	8.05	0.85	9.58	0.71
	山东	15.34	18.83	0.81	19.81	0.77
	广东	18.95	18.19	1.04	13.69	1.38
	海南	0.94	1.68	0.56	1.51	0.63
	合　计	100.00	100.00	—	100.00	—

虽然东部区域是中国就业与投资的最优区域，但表3－2显示，该区域的地区经济结构（无论是劳动的供求还是资金的供求）都严重失衡。

事实上，从表3－2的劳动比较收益和资金比较收益可知，该区域的

11个省份在22个相关数据中，只有5个数据（广东、浙江的劳动比较收益分别为1.04、1.00，天津、江苏、浙江的资金比较收益分别为0.95、0.96、0.96）基本均衡，其他77%都处于失衡（甚至是严重失衡）状态。其中，尤以天津、北京、河北、辽宁、上海、江苏、福建、山东和海南等地的供求失衡特别严重。事实上，海南的劳动比较收益（0.56）和资金比较收益（0.63）最低。而北京的劳动比较收益与上海的资金比较收益最高，分别为1.65和2.44。

因此，就劳动比较收益的高低而言，该区域的11个省份可做如下排序：

北京、上海、天津、江苏、广东、浙江、福建、山东、辽宁、河北、海南。

而就资金比较收益的高低而言，该区域中11个省份可做如下排序：

上海、辽宁、北京、广东、浙江、江苏、天津、山东、福建、海南、河北。

二、中国东部区域投资与就业的基本结论

（1）就劳动比较收益而言，前5个省份的劳动比较收益均超过1，是就业相对理想的地区；后5个省份则是劳动力过剩地区，应适当减少劳动力进入，尤其河北和海南两省，其过剩的劳动力要设法转移到前面五个省份。

换言之，无论是东部地区还是全国各地，以至于全球到中国东部地区的就业者，其就业的省份排序为：北京、上海、天津、江苏、广东。

尽量不要去后面4个省份，因为那里的劳动力已经趋于饱和了。

以上即为东部区域的就业去向。

（2）就资金比较收益而言，前4个省份的资金比较收益均超过1，是投资相对理想的地区；后6个省份则是投资过剩地区，应适当减少资金的进入，尤其河北、海南、福建、山东、天津5个省份，其过剩资金要设法

转移到前面4个省份。

换言之，无论是东部地区还是全国各地，以至于全球到中国东部地区的投资者，其投资的省份排序为：上海、辽宁、北京、广东。

尽量不要去后面6个省份，因为那里已经投资过剩了。

以上即为东部区域的投资去向。

（3）综合上述两项指标考虑，该地区投资与就业效益均好的省份就是上海、北京和广东，因为其劳动比较收益和资金比较收益都超过1；其次是江苏和浙江；排名偏后的是海南，其两个比较收益都远小于1。

下面将根据相关统计数据，分别就东部地区11个省份的投资与就业问题进行计算分析，并给出正确选择的参考意见。

（注：由于缺乏一些省份地区相关数据资料，故对一些省份地区投资与就业状况就无从计算与知晓，我们只能讨论各省份产业和行业的投资与就业问题，下同。）

第二节　上海市产业与行业的投资与就业指南

一、上海市三次产业与行业的投资与就业结构现状

上述理论、模型和方法同样可以用于探讨各省份的产业与行业的投资与就业状况。这里我们只要将相关省份的产业与行业结构（即产业与行业的需求结构）、产业与行业的投资结构和就业结构现状（如上海市的情况见表3－3、表3－4）及其相应的比较收益计算出来并进行比较即可。计算方法同上，其结果见表3－5、表3－6。

表 3 -3 上海市三次产业的生产总值、固定资产投资总额和就业状况（2017 年）

产业（i）	产业生产总值/亿元	固定资产投资总额/亿元	就业/万人
总计	30 633.0	7 246.6	1 372.6
第一产业	110.8	1.6	42.4
第二产业	9 330.7	1 033.6	430.5
第三产业	21 191.5	6 211.4	899.7

表 3 -4 上海市各行业的生产总值、固定资产投资总额和就业状况（2017 年）

行业（i）	行业生产总值/亿元	固定资产投资总额/亿元	就业/万人
农、林、牧、渔业	110.8	1.6	42.4
工业	8 392.8	1 031.7	336.3
建筑业	970.8	16.5	98.9
交通运输、仓储和邮政业	1 344.5	669.2	89.4
信息传输、计算机服务和软件业	1 862.3	104.5	52.5
批发和零售业	4 393.4	19.5	240.4
住宿和餐饮业	412.3	13.8	55.3
金融业	5 330.5	6.0	35.5
房地产业	1 873.1	3 690.0	51.9
租赁和商务服务业	1 787.9	137.2	140.1
科学研究、技术服务和地质勘查业	1 124.4	45.8	48.6
水利、环境和公共设施管理业	140.7	784.5	21.8
居民服务和其他服务业	347.1	1.4	37.9
教育业	963.1	85.0	39.2
卫生、社会保障和社会福利业	681.6	42.9	30.7
文化、体育和娱乐业	241.2	56.9	11.7
公共管理和社会组织	652.3	18.4	36.0

资料来源：《上海统计年鉴 2018》。

表3-5　上海市三次产业及其相应的GBC测度（2017年）

产业（i）	需求结构/%	就业结构/%	劳动比较收益GBC	投资结构/%	资金比较收益
总计	100.00	100.00	—	100.00	—
第一产业	0.36	3.09	0.12	0.02	18.00
第二产业	30.46	31.36	0.97	14.26	2.14
第三产业	69.18	65.55	1.06	85.71	0.81

表3-6　上海市各行业结构及其相应的GBC测度（2017年）

行业（i）	需求结构/%	就业结构/%	劳动比较收益GBC	投资结构/%	资金比较收益
农、林、牧、渔业	0.36	3.09	0.12	0.02	16.38
工业	27.40	24.45	1.12	10.95	2.50
建筑业	3.17	7.21	0.44	0.23	13.92
交通运输、仓储和邮政业	4.39	6.51	0.67	9.23	0.48
信息传输、计算机服务和软件业	6.08	3.82	1.59	1.44	4.22
批发和零售业	14.34	17.51	0.82	0.27	53.30
住宿和餐饮业	1.35	4.03	0.33	0.19	7.07
金融业	17.40	2.59	6.73	0.08	210.17
房地产业	6.11	3.78	1.62	50.92	0.12
租赁和商务服务业	5.84	10.21	0.57	1.89	3.08
科学研究、技术服务和地质勘查业	3.67	3.54	1.04	0.63	5.81
水利、环境和公共设施管理业	0.46	1.59	0.29	10.83	0.04
居民服务和其他服务业	1.13	2.76	0.41	0.02	58.65
教育业	3.14	2.86	1.10	1.17	2.68
卫生、社会保障和社会福利业	2.23	2.24	0.99	0.59	3.76
文化、体育和娱乐业	0.79	0.85	0.92	0.79	1.00
公共管理和社会组织	2.13	2.62	0.81	0.25	8.39

表3-5、表3-6显示如下。

（1）就三次产业而言，上海市的2个数据均处于基本均衡状态：第二、第三产业的劳动比较收益分别为0.97和1.06。而其他4个相关数据均处于极不均衡状态。尤其第一产业的劳动比较收益非常低（0.12），远小于1，而资金比较收益却异常高（18.00），远超过1；第二、第三产业的资金比较收益又极不均衡：前者为2.14，远大于1，后者为0.81，小于1。

（2）就行业情况而言，上海市的21个行业的相关数据原本应该有42个，但因缺乏若干原始数据，目前只有34个，故只能讨论已有数据的情况：除了科学研究、技术服务和地质勘查业与卫生、社会保障和社会福利业两个行业的劳动比较收益以及文化、体育和娱乐业的资金比较收益基本均衡，分别为1.04、0.99和1.00外，其余全都处于极不均衡状态。其中，金融业，房地产业，信息传输、计算机服务和软件业等3个行业的劳动比较收益都远远超过1，尤其金融业的劳动比较收益为6.73，是目前已有数据中这一指标最低的行业——农、林、牧、渔业的56倍（6.73/0.12）。而资金比较收益的不均衡更为突出，其中金融业，居民服务和其他服务业，批发和零售业，农、林、牧、渔业，建筑业，公共管理和社会组织及住宿和餐饮业等13个行业的这一指标超过1。尤其是金融业，居民服务和其他服务业，批发和零售业，农、林、牧、渔业及建筑业5个行业的资金比较收益业都超过10。而现有资料中的房地产业这一指标极低，只有0.12，仅相当于金融业的0.000 6（0.12 /210.17），居民服务和其他服务业的0.002（0.12/58.65），批发和零售业的0.002 3（0.12/53.30），农、林、牧、渔业的0.007 3（0.12/16.38），建筑业的0.008 6（0.12/13.92）。

因此，就劳动比较收益的高低而言，上海市有数据的17个行业可做如下排序：

金融业，房地产业，信息传输、计算机服务和软件业，工业，教育业，科学研究、技术服务和地质勘查业，卫生、社会保障和社会福利业，文化、体育和娱乐业，批发和零售业，公共管理和社会组织，交通运输、仓储和邮政业，租赁和商务服务业，建筑业，居民服务和其他服务业，住宿和餐饮业，水利、环境和公共设施管理业，农、林、牧、渔业。

就资金比较收益的高低而言，上海市有数据的17个行业可做如下排序：

金融业，居民服务和其他服务业，批发和零售业，农、林、牧、渔业，建筑业，公共管理和社会组织，住宿和餐饮业，科学研究、技术服务和地质勘查业，信息传输、计算机服务和软件业，卫生、社会保障和社会福利业，租赁和商务服务业，教育业，工业，文化、体育和娱乐业，交通运输、仓储和邮政业，房地产业，水利、环境和公共设施管理业。

二、上海市（根据已有资料）三次产业及其行业的投资与就业的基本结论

（1）就劳动比较收益而言，金融业，房地产业，信息传输、计算机服务和软件业，工业，教育业，科学研究、技术服务和地质勘查业6个行业的劳动比较收益均超过1，是就业相对理想的行业；其余11个行业则是就业过剩行业，应适当减少劳动力进入，尤其农、林、牧、渔业，水利、环境和公共设施管理业，住宿和餐饮业，居民服务和其他服务业，建筑业，租赁和商务服务业，交通运输、仓储和邮政业，公共管理和社会组织，批发和零售业，其过剩的劳动力要设法转移到前面6个行业中。

换言之，无论是东部地区还是全国各地，以至于全球到上海市的就业者，其就业的产业应为第二产业与第三产业，行业排序为：

金融业，房地产业，信息传输、计算机服务和软件业，工业，教育业，科学研究、技术服务和地质勘查业。

尽量不要去第一产业和除上述行业之外的其他行业，因为那里的劳动力已经趋于饱和了。

以上即为上海市三次产业及其行业的就业去向。

（2）就资金比较收益而言，金融业，居民服务和其他服务业，批发和零售业，农、林、牧、渔业，建筑业，公共管理和社会组织，住宿和餐饮业，科学研究、技术服务和地质勘查业，信息传输、计算机服务和软件业，卫生、社会保障和社会福利业，租赁和商务服务业，教育业及工业13个行业

的资金比较收益均超过1，是投资相对理想的行业；而水利、环境和公共设施管理业，房地产业及交通运输、仓储和邮政业3个行业则是投资过剩的行业，应适当减少资金的进入，其过剩的资金要设法转移到前面13个行业中。

换言之，无论是东部地区还是全国各地以至于全球到上海市的投资者，其投资的行业排序为：

金融业，居民服务和其他服务业，批发和零售业，农、林、牧、渔业，建筑业，公共管理和社会组织，住宿和餐饮业，科学研究、技术服务和地质勘查业，科研、信息传输、计算机服务和软件业，卫生、社会保障和社会福利业，租赁和商务服务业，教育业，工业。

尽量不要去水利、环境和公共设施管理业，房地产业及交通运输、仓储和邮政业3个行业，因为那里的投资已经严重过剩了。

以上即为上海市三次产业及其行业的投资去向。

（3）综合上述两项指标考虑，上海市的产业与行业投资与就业效益均好的行业是金融业，信息传输、计算机服务和软件业，工业，教育业及科学研究、技术服务和地质勘查业，因为其劳动与资金的比较收益都超过1，尤其是金融业，其两项指标不仅位居第一，而且远远超过1，其劳动比较收益是农、林、牧、渔业的56倍（6.73/0.12），而其资金的比较收益则是房地产业的1751倍（210.17/0.12）。其次是科学研究、技术服务和地质勘查业与教育，其两项指标都大于1。最差的是水利、环境和公共设施管理业及交通运输、仓储和邮政业，其两项指标都远远小于1。

第三节　广东省产业与行业的投资与就业指南

一、广东省三次产业与行业的投资与就业结构现状

将广东省三次产业与行业的产值、投资和就业状况（见表3－7、表3－8）及其相应的比较收益计算出来并进行比较，即可得出广东省三次

产业与行业的投资与就业结构现状及其相应的比较收益。计算方法同上，其结果见表3－9、表3－10。

表3－7　广东省三次产业的生产总值、固定资产投资总额和就业状况（2017年）

产业（i）	产业生产总值/亿元	固定资产投资总额/亿元	就业/万人
总计	89 705.2	37 477.9	6 340.8
第一产业	3 611.4	395.2	1 359.1
第二产业	38 008.1	12 128.9	2 541.8
第三产业	48 085.7	24 953.8	2 439.9

表3－8　广东省各行业的生产总值、固定资产投资总额和就业状况（2017年）

行业（i）	行业生产总值/亿元	固定资产投资总额/亿元	就业/万人
农、林、牧、渔业	3 611.4	395.2	1 359.1
采矿业	—	145.3	13.4
制造业	35 291.8	10 311.2	2 220.0
电力、燃气及水的生产和供应业	—	1 653.9	34.6
建筑业	2 818.8	33.89	278.0
交通运输、仓储和邮政业	3 580.9	3 796.6	192.3
信息传输、计算机服务和软件业	3 817.2	541.9	99.9
批发和零售业	8 976.6	708.8	851.3
住宿和餐饮业	1 646.9	311.7	238.0
金融业	6 853.0	70.0	58.67
房地产业	7 636.0	13 623.6	130.2
租赁和商务服务业	3 351.2	610.9	171.6
科学研究、技术服务和地质勘查业	1 506.2	266.8	63.0
水利、环境和公共设施管理业	605.1	3 548.9	27.1
居民服务和其他服务业	1 525.0	47.2	178.9
教育业	3 009.0	528.6	164.7
卫生、社会保障和社会福利业	1 885.3	333.6	75.2
文化、体育和娱乐业	438.3	304.1	30.9
公共管理和社会组织	3 051.2	163.8	151.5

资料来源：《广东统计年鉴2018》。

表 3－9 广东省三次产业及其相应的 GBC 测度（2017 年）

产业（*i*）	需求结构/%	就业结构/%	劳动比较收益	投资结构/%	资金比较收益
总计	100.00	100.00	—	100.00	—
第一产业	4.03	21.43	0.19	1.05	3.82
第二产业	42.37	40.09	1.06	32.36	1.31
第三产业	53.60	38.48	1.39	66.58	0.81

表 3－10 广东省各行业结构及其相应的 GBC 测度（2017 年）

行业（*i*）	需求结构/%	就业结构/%	劳动比较收益	投资结构/%	资金比较收益
农、林、牧、渔业	4.03	21.43	0.19	1.05	3.82
采矿业	—	0.21	—	0.39	—
制造业	39.34	35.01	1.12	27.51	1.43
电力、燃气及水的生产和供应业	—	0.55	—	4.41	—
建筑业	3.14	4.38	0.72	0.09	34.75
交通运输、仓储和邮政业	3.99	3.03	1.32	10.13	0.39
信息传输、计算机服务和软件业	4.26	1.58	2.70	1.45	2.94
批发和零售业	10.01	13.43	0.75	1.89	5.29
住宿和餐饮业	1.84	3.75	0.49	0.83	2.21
金融业	7.64	0.93	8.26	0.19	40.90
房地产业	8.51	2.05	4.15	36.35	0.23
租赁和商务服务业	3.74	2.71	1.38	1.63	2.29
科学研究、技术服务和地质勘查业	1.68	0.99	1.69	0.71	2.36
水利、环境和公共设施管理业	0.67	0.43	1.58	9.47	0.07
居民服务和其他服务业	1.70	2.82	0.60	0.13	13.50
教育业	3.35	2.60	1.29	1.41	2.38
卫生、社会保障和社会福利业	2.10	1.19	1.77	0.89	2.36
文化、体育和娱乐业	0.49	0.49	1.00	0.81	0.60
公共管理和社会组织	3.40	2.39	1.42	0.44	7.78

表 3－9、表 3－10 显示如下。

（1）就三次产业而言，广东省的三次产业 6 个相关数据中，只有第二产业的劳动比较收益（1.06）基本均衡，其他均处于极不均衡状态。尤其第一产业的劳动比较收益太低，只有0.19。而在资金比较收益方面，第一、第二产业严重短缺，分别为3.82、1.31，第三产业却又严重过剩，为0.81。

（2）就行业情况而言，广东省的21个行业的相关数据原本应该有42个，但因缺乏若干原始数据，目前只有34个，故只能讨论已有数据的情况：几乎全都（31/32）处于极不均衡状态。其中，金融业，房地产业，信息传输、计算机服务和软件业，卫生、社会保障和社会福利业，科学研究、技术服务和地质勘查业，水利、环境和公共设施管理业，公共管理和社会组织，租赁和商务服务业，交通运输、仓储和邮政业，教育业，制造业11个行业的劳动比较收益都超过1，尤其金融业的劳动比较收益为8.26，是这一指标最低行业——农、林、牧、渔业的43倍多（8.26/0.19）。而资金比较收益的不均衡更为突出，其中金融业，居民服务和其他服务业，批发和零售业，农、林、牧、渔业，建筑业，公共管理和社会组织，住宿和餐饮业，科学研究、技术服务和地质勘查业，信息传输、计算机服务和软件业，卫生、社会保障和社会福利业，租赁和商务服务业，教育业，工业及文化、体育和娱乐业14个行业的这一指标均超过1，尤其是金融业，居民服务和其他服务业，批发和零售业，农、林、牧、渔业及建筑业5个行业的资金比较收益都超过10。而交通运输、仓储和邮政业，房地产业及水利、环境和公共设施管理业的这一指标太低，尤其是水利、环境和公共设施管理业的这一指标只有0.07，仅相当于金融业的0.001 7（0.07/40.90）、居民服务和其他服务业的0.005 18（0.07/13.50），批发和零售业的0.001 32（0.07/5.29），农、林、牧、渔业的0.018 3（0.07/3.82）和建筑业的0.002 9（0.07/34.75）。

因此，就劳动比较收益的高低而言，广东省有数据的17个行业可做如下排序：

金融业，房地产业，信息传输、计算机服务和软件业，卫生、社会保障和社会福利业，科学研究、技术服务和地质勘查业，水利、环境和公共设施管理业，公共管理和社会组织，租赁和商务服务业，交通运输、仓储和邮政业，教育业，制造业，文化、体育和娱乐业，批发和零售业，建筑业，居民服务和其他服务业，住宿和餐饮业，农、林、牧、渔业。

就资金比较收益的高低而言，广东省有数据的 17 个行业可做如下排序：

金融业，建筑业，居民服务和其他服务业，公共管理和社会组织，批发和零售业，农、林、牧、渔业，信息传输、计算机服务和软件业，教育业，科学研究、技术服务和地质勘查业，卫生、社会保障和社会福利业，租赁和商务服务业，住宿和餐饮业，制造业，文化、体育和娱乐业，交通运输、仓储和邮政业，房地产业，水利、环境和公共设施管理业。

二、广东省三次产业及其行业的投资与就业的基本结论

（1）就劳动比较收益而言，金融业，房地产业，信息传输、计算机服务和软件业，卫生、社会保障和社会福利业，科学研究、技术服务和地质勘查业，水利、环境和公共设施管理业，公共管理和社会组织，租赁和商务服务业，交通运输、仓储和邮政业，教育业及制造业 11 个行业的劳动比较收益都超过 1，是就业相对理想的行业；其余 6 个行业则是就业过剩行业，应适当减少劳动力进入，尤其农、林、牧、渔业，住宿和餐饮业，居民服务和其他服务业，建筑业及批发和零售业，其过剩的劳动力要设法转移到前面 11 个行业中。

换言之，无论是东部地区还是全国各地，以至于全球到广东省的就业者，其就业的产业为第二产业与第三产业，行业排序为：

金融业，房地产业，信息传输、计算机服务和软件业，卫生、社会保障和社会福利业，科学研究、技术服务和地质勘查业，水利、环境和公共设施管理业，公共管理和社会组织，租赁和商务服务业，交通运输、仓储

和邮政业，教育业，制造业。

尽量不要去第一产业和除上述行业之外的其他5个行业，因为那里的劳动力已经趋于饱和了。

以上即为广东省三次产业及其行业的就业去向。

（2）就资金比较收益而言，金融业，建筑业，居民服务和其他服务业，公共管理和社会组织，批发和零售业，农、林、牧、渔业，信息传输、计算机服务和软件业，教育业，科学研究、技术服务和地质勘查业，卫生、社会保障和社会福利业，租赁和商务服务业，住宿和餐饮业及制造业13个行业的资金比较收益均超过1，是投资相对理想的行业；而水利、环境和公共设施管理业，房地产业，交通运输、仓储和邮政业及文化、体育和娱乐业4个行业则是投资过剩的行业，应适当减少资金的进入，其过剩资金要设法转移到前面13个行业中。

换言之，无论是东部地区还是全国各地，以至于全球到广东省的投资者，其投资的行业排序为：

金融业，建筑业，居民服务和其他服务业，公共管理和社会组织，批发和零售业，农、林、牧、渔业，信息传输、计算机服务和软件业，教育业，科学研究、技术服务和地质勘查业，卫生、社会保障和社会福利业，租赁和商务服务业，住宿和餐饮业和制造业。

尽量不要去水利、环境和公共设施管理业，房地产业，交通运输、仓储和邮政业及文化、体育和娱乐业4个行业，因为那里的投资已经严重过剩了。

以上即为广东省三次产业与行业的投资去向。

（3）综合上述两项指标考虑，广东省的产业与行业投资与就业效益均好的行业是金融业，公共管理和社会组织，信息传输、计算机服务和软件业，科学研究、技术服务和地质勘查业，卫生、社会保障和社会福利业，租赁和商务服务业，教育业及制造业，因为其劳动与资金的比较收益都超过1，而其他行业都至少有一项远离1。

第四节　天津市产业与行业的投资与就业指南

一、天津市三次产业与行业的投资与就业结构现状

将天津市三次产业与行业的产值、投资和就业状况（见表3－11、表3－12）及其相应的比较收益计算出来并进行比较，即可得出天津市三次产业与行业的投资与就业结构现状及其相应的比较收益。计算方法同上，其结果见表3－13、表3－14。

表3－11　天津市三次产业的生产总值、固定资产投资总额和就业状况（2017年）

产业（i）	产业生产总值/亿元	固定资产投资总额/亿元	就业/万人
总计	18 549.2	11 274.7	894.8
第一产业	169.0	262.2	62.7
第二产业	7 593.6	3 475.8	290.9
第三产业	10 786.6	7 536.7	541.2

表3－12　天津市各行业的生产总值、固定资产投资总额和就业状况（2017年）

行业（i）	行业生产总值/亿元	固定资产投资总额/亿元	就业/万人
农、林、牧、渔业	169.0	262.2	62.7
采矿业	—	3.2	7.1
制造业	6 864.0	2 355.6	200.5
电力、燃气及水的生产和供应业	—	69.7	6.8
建筑业	745.7	127.3	76.5
交通运输、仓储和邮政业	780.4	188.5	53.6
信息传输、计算机服务和软件业	498.1	141.5	21.6
批发和零售业	2 307.0	725.7	147.0
住宿和餐饮业	309.1	72.4	44.1
金融业	1 951.8	10.2	23.8
房地产业	783.3	1 369.1	25.3

续表

行业（i）	行业生产总值/亿元	固定资产投资总额/亿元	就业/万人
租赁和商务服务业	997.3	465.8	47.0
科学研究、技术服务和地质勘查业	996.4	370.4	38.2
水利、环境和公共设施管理业	207.7	660.9	8.1
居民服务和其他服务业	567.7	170.7	52.7
教育业	480.6	36.7	32.0
卫生、社会保障和社会福利业	297.1	12.5	18.0
文化、体育和娱乐业	162.9	52.9	6.5
公共管理和社会组织	426.2	8.9	23.3

资料来源：《天津统计年鉴2018》。

表3－13　天津市三次产业及其相应的GBC测度（2017年）

产业（i）	需求结构/%	就业结构/%	劳动比较收益	投资结构/%	资金比较收益
总计	100.00	100.00	—	100.00	—
第一产业	0.91	7.01	0.13	2.33	0.39
第二产业	40.94	32.51	1.26	30.83	1.33
第三产业	58.15	60.48	0.96	66.85	0.87

表3－14　天津市各行业结构及其相应的GBC测度（2017年）

行业（i）	需求结构/%	就业结构/%	劳动比较收益	投资结构/%	资金比较收益
农、林、牧、渔业	0.91	7.01	0.13	2.33	0.39
采矿业	0.00	0.79	0.00	0.03	0.00
制造业	37.00	22.41	1.65	20.89	1.77
电力、燃气及水的生产和供应业	0.00	0.76	0.00	0.62	0.00
建筑业	4.02	8.55	0.47	1.13	3.56
交通运输、仓储和邮政业	4.21	5.99	0.70	1.67	2.52
信息传输、计算机服务和软件业	2.69	2.41	1.11	1.26	2.14
批发和零售业	12.44	16.43	0.76	6.44	1.93
住宿和餐饮业	1.67	4.93	0.34	0.64	2.60

续表

行业（i）	需求结构/%	就业结构/%	劳动比较收益	投资结构/%	资金比较收益
金融业	10.52	2.66	3.96	0.09	116.31
房地产业	4.22	2.83	1.49	12.14	0.35
租赁和商务服务业	5.38	5.25	1.02	4.13	1.30
科学研究、技术服务和地质勘查业	5.37	4.27	1.26	3.29	1.64
水利、环境和公共设施管理业	1.12	0.91	1.24	5.86	0.19
居民服务和其他服务业	3.06	5.89	0.52	1.51	2.02
教育业	2.59	3.58	0.72	0.33	7.96
卫生、社会保障和社会福利业	1.60	2.01	0.80	0.11	14.45
文化、体育和娱乐业	0.88	0.73	1.21	0.47	1.87
公共管理和社会组织	2.30	2.60	0.88	0.08	29.11

表3－13、表3－14显示如下。

（1）就三次产业而言，天津市的三次产业6个相关数据中，只有第三产业的劳动比较收益为0.96，属于基本均衡状态，其他5个数据均处于极不均衡状态。尤其第一产业的劳动比较收益非常低，仅为0.13，几乎相当于第二产业这一指标的0.10（0.13/1.26）。而在资金的比较收益方面，第一、第三产业严重过剩，分别为0.39、0.87，第二产业却又严重短缺，为1.33。

（2）就行业情况而言，天津市的21个行业的相关数据原本应该有42个，但因缺乏若干原始数据，目前只有34个，故只能讨论已有数据的情况：除租赁和商务服务业的劳动比较收益（1.02）为基本均衡外，其他行业数据显示全都处于极不均衡状态。其中，只有金融业，制造业，房地产业，科学研究、技术服务和地质勘查业，水利、环境和公共设施管理业，文化、体育和娱乐业，信息传输、计算机服务和软件业及租赁和商务服务业8个行业的劳动比较收益均超过1，尤其金融业的劳动比较收益为3.96，分别是这一指标的两个最低行业——农、林、牧、渔业及住宿和餐饮业的30倍多（3.96/0.13）、11.6倍（3.96/0.34）。而资金比较收益的不均衡就更为突出，其中金融业，公共管理和社会组织，卫生、社会保障和社会福利业，教育业，建筑业，住宿和餐饮业，交通运输、仓储和邮政业，信息传输、计算机服务和软件业，居民服务和其他服务业，批发和零售业，文化、体育和娱乐业，制造业，科学研究、技术服务和地质勘查业及租赁和商务服务业 14 个行业的这一指标均超过 1。尤其是金融业的资金比较收益超过 100，达 116.31。而水利、环境和公共设施管理业和房地产业的这一指标较低，分别只有 0.19 和 0.35，仅相当于金融业的 0.002（0.19/116.31）与 0.003（0.35/116.31），农、林、牧、渔业的 0.005（0.53/116.31），交通运输、仓储和邮政业的 0.005（0.58/116.31）。

因此，就劳动比较收益的高低而言，天津市有数据的 17 个行业可做如下排序：

金融业，制造业，房地产业，科学研究、技术服务和地质勘查业，水利、环境和公共设施管理业，文化、体育和娱乐业，信息传输、计算机服务和软件业，租赁和商务服务业，公共管理和社会组织，卫生、社会保障和社会福利业，批发和零售业，教育业，交通运输、仓储和邮政业，居民服务和其他服务业，建筑业，住宿和餐饮业，农、林、牧、渔业。

就资金比较收益的高低而言，天津市有数据的 17 个行业可做如下排序：

金融业，公共管理和社会组织，卫生、社会保障和社会福利业，教育业，建筑业，住宿和餐饮业，交通运输、仓储和邮政业，信息传输、计算机服务和软件业，居民服务和其他服务业，批发和零售业，文化、体育和娱乐业，制造业，科学研究、技术服务和地质勘查业，租赁和商务服务业，农、林、牧、渔业，房地产业，水利、环境和公共设施管理业。

二、天津市三次产业及其行业的投资与就业的基本结论

（1）就劳动比较收益而言，金融业，制造业，房地产业，科学研究、技术服务和地质勘查业，水利、环境和公共设施管理业，文化、体育和娱

乐业，信息传输、计算机服务和软件业及租赁和商务服务业 8 个行业的劳动比较收益均超过 1，是就业相对理想的行业；其余 9 个行业则是就业过剩行业，应适当减少劳动力进入，尤其是农、林、牧、渔业，住宿和餐饮业，建筑业，居民服务和其他服务业，交通运输、仓储和邮政业，教育业，批发和零售业，卫生、社会保障和社会福利业及公共管理和社会组织，其过剩的劳动力要设法转移到前面 8 个行业中。

换言之，无论是东部地区还是全国各地，以至于全球到天津市的就业者，其就业的产业为第二、第三产业，行业排序为：

金融业，制造业，房地产业，科学研究、技术服务和地质勘查业，水利、环境和公共设施管理业，文化、体育和娱乐业，信息传输、计算机服务和软件业，租赁和商务服务业。

尽量不要去第一产业和除上述行业之外的其他行业，因为那里的劳动力已经趋于饱和了。

以上即为天津市三次产业及其行业的就业去向。

（2）就资金比较收益而言，有金融业，公共管理和社会组织业，卫生、社会保障和社会福利业，教育业，建筑业，住宿和餐饮业，交通运输、仓储和邮政业，信息传输、计算机服务和软件业，居民服务和其他服务业，批发和零售业，文化、体育和娱乐业，制造业，科学研究、技术服务和地质勘查业及租赁和商务服务业 14 个行业的资金比较收益均超过 1，是投资相对理想的行业；而水利、环境和公共设施管理业，房地产业及农、林、牧、渔业 3 个行业则是投资过剩的行业，应适当减少资金的进入，其过剩的资金要设法转移到前面 14 个行业中。

换言之，无论是东部地区还是全国各地，以至于全球到天津市的投资者，其投资的行业排序为：

金融业，公共管理和社会组织，卫生、社会保障和社会福利业，教育业，建筑业，住宿和餐饮业，交通运输、仓储和邮政业，信息传输、计算机服务和软件业，居民服务和其他服务业，批发和零售业，文化、体育和娱乐业，制造业，科学研究、技术服务和地质勘查业，租赁和商务服务业。

尽量不要去水利、环境和公共设施管理业，房地产业及农、林、牧、渔业3个行业，因为那里的投资已经严重过剩了。

以上即为天津市三次产业及其行业的投资去向

（3）综合上述两项指标考虑，天津市的产业与行业投资与就业效益均好的行业就是金融业，制造业，科学研究、技术服务和地质勘查业，文化、体育和娱乐业，信息传输、计算机服务和软件业，租赁和商务服务业6个行业，因为其劳动与资金的比较收益都超过1。

第五节　北京市产业与行业的投资与就业指南

一、北京市三次产业与行业的投资与就业结构现状

将北京市三次产业与行业产值、投资和就业状况（见表3－15、表3－16）及其相应的比较收益计算出来并进行比较，即可得出北京市三次产业与行业的投资与就业结构现状及其相应的比较收益。计算方法同上，其结果见表3－17、表3－18。

表3－15　北京市三次产业的生产总值、固定资产投资总额和就业状况（2017年）

产业（i）	产业生产总值/亿元	固定资产投资总额/亿元	就业/万人
总计	28 014.9	8 948.1	1 246.8
第一产业	120.4	95.9	48.8
第二产业	5 326.8	893.8	192.8
第三产业	22 567.7	7 958.4	1 005.2

表 3－16　北京市各行业的生产总值、固定资产投资总额和就业状况（2017 年）

行业（i）	行业生产总值/亿元	固定资产投资总额/亿元	就业/万人
农、林、牧、渔业	120.4	95.9	48.8
采矿业	63.4	3.1	5.8
制造业	3 316.3	380.8	113.2
电力、燃气及水的生产和供应业	894.4	511.3	12.0
建筑业	1 140.8	6.3	61.8
交通运输、仓储和邮政业	1 208.4	1 349.6	98.5
信息传输、计算机服务和软件业	3 229.0	283.9	133.8
批发和零售业	2 486.8	30.7	124.9
住宿和餐饮业	413.8	10.6	42.7
金融业	4 655.4	38.7	71.1
房地产业	1 766.2	4 663.6	72.7
租赁和商务服务业	1 935.5	283.8	72.7
科学研究、技术服务和地质勘查业	2 859.2	81.9	117.5
水利、环境和公共设施管理业	226.0	813.8	17.9
居民服务和其他服务业	171.3	0.1	14.1
教育业	1 334.8	131.7	81.1
卫生、社会保障和社会福利业	696.0	67.5	48.7
文化、体育和娱乐业	598.1	108.9	31.6
公共管理和社会组织	896.9	22.3	77.8

资料来源：2018 年北京市统计年鉴。

表 3－17　北京市三次产业及其相应的 GBC 测度（2017 年）

产业（i）	需求结构/%	就业结构/%	劳动比较收益	投资结构/%	资金比较收益
总计	100.00	100.00	—	100.00	—
第一产业	0.43	3.91	0.11	1.07	0.40
第二产业	19.01	15.46	1.23	9.99	1.90
第三产业	80.56	80.62	1.00	88.94	0.91

表3-18 北京市各行业结构及其相应的GBC测度（2017年）

行业（i）	需求结构/%	就业结构/%	劳动比较收益	投资结构/%	资金比较收益
农、林、牧、渔业	0.43	3.91	0.11	1.07	0.40
采矿业	0.23	0.47	0.49	0.03	6.53
制造业	11.84	9.08	1.30	4.26	2.78
电力、燃气及水的生产和供应业	3.19	0.96	3.32	5.71	0.56
建筑业	4.07	4.96	0.82	0.07	57.84
交通运输、仓储和邮政业	4.31	7.90	0.55	15.08	0.29
信息传输、计算机服务和软件业	11.53	10.73	1.07	3.17	3.63
批发和零售业	8.88	10.02	0.89	0.34	25.87
住宿和餐饮业	1.48	3.42	0.43	0.12	12.47
金融业	16.62	5.70	2.91	0.43	38.42
房地产业	6.30	5.83	1.08	52.12	0.12
租赁和商务服务业	6.91	5.83	1.18	3.17	2.18
科学研究、技术服务和地质勘查业	10.21	9.42	1.08	0.92	11.15
水利、环境和公共设施管理业	0.81	1.44	0.56	9.09	0.09
居民服务和其他服务业	—	—	—	—	—
教育业	4.76	6.50	0.73	1.47	3.24
卫生、社会保障和社会福利业	2.48	3.91	0.64	0.75	3.29
文化、体育和娱乐业	2.13	2.53	0.84	1.22	1.75
公共管理和社会组织	3.20	6.24	0.51	0.25	12.85

资料来源：《中国统计摘要2018》。

表3-17、表3-18显示如下。

（1）就三次产业而言，北京市的三次产业6个相关数据中，只有第三产业的劳动比较收益均衡为1.00，其余5个83%均处于极不均衡状态。尤其第一产业的劳动比较收益和资金比较收益都最低，分别为0.11和0.40，而第二产业的劳动比较收益和资金比较收益都严重短缺，分别为1.23和1.90。

（2）就行业情况而言，北京市的21个行业的相关数据原本应该有42个，但因缺乏若干原始数据，目前只有36个，故只能讨论已有数据的情况：全都处于极不均衡状态。其中，电力、燃气及水的生产和供应业，金融业，制造业，租赁和商务服务业，科学研究、技术服务和地质勘查业，房地产业及信息传输、计算机服务和软件业 7 个行业的劳动比较收益都超过 1，尤其电力、燃气及水的生产和供应业的劳动比较收益为 3. 32，是这一指标最低行业——农、林、牧、渔业的 30 倍多（3. 32/0. 11）。而资金比较收益不均衡就更为突出，其中建筑业，金融业，批发和零售业，公共管理和社会组织，住宿和餐饮业，科学研究、技术服务和地质勘查业，采矿业，信息传输、计算机服务和软件业，卫生、社会保障和社会福利业，教育业，制造业，租赁和商务服务业及文化、体育和娱乐业 13 个行业的这一指标均超过 1。尤其是建筑业，金融业，批发和零售业，公共管理和社会组织，住宿和餐饮业及科学研究、技术服务和地质勘查业的资金比较收益都超过 10。而水利、环境和公共设施管理业的这一指标太低，只有 0. 09，仅相当于建筑业的 0. 001 6（0. 09/57. 84）、金融业的0. 002 3（0. 09/38. 42）、批发和零售业的 0. 003 5（0. 09/25. 87）、公共管理和社会组织的 0. 007 0（0. 09/12. 85）以及住宿和餐饮业的 0. 007 2（0. 09/12. 47）。

因此，就劳动比较收益的高低而言，北京市有数据的 18 个行业可做如下排序：

电力、燃气及水的生产和供应业，金融业，制造业，租赁和商务服务业，科学研究、技术服务和地质勘查业，房地产业，信息传输、计算机服务和软件业，批发和零售业，文化、体育和娱乐业，建筑业，教育业，卫生、社会保障和社会福利业，水利、环境和公共设施管理业，交通运输、仓储和邮政业，公共管理和社会组织，采矿业，住宿和餐饮业，农、林、牧、渔业。

就资金比较收益的高低而言，北京市有数据的 18 个行业可做如下排序：

建筑业，金融业，批发和零售业，公共管理和社会组织，住宿和餐饮业，科学研究、技术服务和地质勘查业，采矿业，信息传输、计算机服务和软件业，卫生、社会保障和社会福利业，教育业，制造业，租赁和商务服务业，文化、体育和娱乐业，电力、燃气及水的生产和供应业，农、林、牧、渔业，交通运输、仓储和邮政业，房地产业，水利、环境和公共设施管理业。

二、北京市三次产业及其行业的投资与就业的基本结论

（1）就劳动比较收益而言，电力、燃气及水的生产和供应业，金融业，制造业，租赁和商务服务业，科学研究、技术服务和地质勘查业，房地产业及信息传输、计算机服务和软件业 7 个行业的劳动比较收益都超过 1，是就业相对理想的行业；其余 11 个行业则是就业过剩行业，应适当减少劳动力进入，尤其农、林、牧、渔业，住宿和餐饮业，采矿业，公共管理和社会组织，交通运输、仓储和邮政业，水利、环境和公共设施管理业，卫生、社会保障和社会福利业，教育业，建筑业，文化、体育和娱乐业及批发和零售业，其过剩的劳动力要设法转移到前面 7 个行业中。

换言之，无论是东部地区还是全国各地，以至于全球到北京市的就业者，其就业的产业为第二产业与第三产业，行业排序为：

电力、燃气及水的生产和供应业，金融业，制造业，租赁和商务服务业，科学研究、技术服务和地质勘查业，房地产业，信息传输、计算机服务和软件业。

尽量不要去第一产业和除上述行业之外的其他行业，因为那里的劳动力已经趋于饱和了。

以上即为北京市三次产业及其行业的就业去向。

（2）就资金比较收益而言，建筑业，金融业，批发和零售业，公共管理和社会组织，住宿和餐饮业，科学研究、技术服务和地质勘查业采矿业，信息传输、计算机服务和软件业，卫生、社会保障和社会福利业，教育业，制造业，租赁和商务服务业，文化、体育和娱乐业 13 个行业的资金

比较收益均超过1，是投资相对理想的行业；而水利、环境和公共设施管理业，房地产业，交通运输、仓储和邮政业，农、林、牧、渔业，及电力、燃气及水的生产和供应业5个行业则是投资过剩的行业，应适当减少资金的进入，其过剩资金要设法转移到前面13个行业中。

换言之，无论是东部地区还是全国各地，以至于全球到北京市的投资者，其投资的行业排序为：

建筑业，金融业，批发和零售业，公共管理和社会组织，住宿和餐饮业，科学研究、技术服务和地质勘查业，采矿业，信息传输、计算机服务和软件业，卫生、社会保障和社会福利业，教育业，制造业，租赁和商务服务业，文化、体育和娱乐业。

尽量不要去水利、环境和公共设施管理业，房地产业，交通运输、仓储和邮政业，农、林、牧、渔业及电力、燃气及水的生产和供应业5个行业，因为那里的投资已经严重过剩了。

以上即为北京市三次产业及其行业的投资去向。

（3）综合上述两项指标考虑，北京市产业与行业的投资与就业效益均好的行业是金融业，制造业，租赁和商务服务业、科学研究、技术服务和地质勘查业，信息传输、计算机服务和软件业，因为其劳动与资金的比较收益都超过1。最差的是水利、环境和公共设施管理业。

第六节　山东省产业与行业的投资与就业指南

一、山东省三次产业与行业的投资与就业结构现状

将山东省三次产业与行业的产值、投资和就业状况（见表3－19、表3－20）及其相应的比较收益计算出来并进行比较，即可得出山东省三次产业与行业的投资与就业结构现状及其相应的比较收益。计算方法同上，其结果见表3－21、表3－22。

表3－19　山东省三次产业的生产总值、固定资产投资总额和就业状况（2017年）

产业（i）	产业生产总值/亿元	固定资产投资总额/亿元	就业/万人
总计	72 634.2	54 236.0	6 560.6
第一产业	4 832.7	1 029.6	1 856.6
第二产业	32 942.9	26 876.3	2 335.6
第三产业	34 858.6	26 330.1	2 368.4

表3－20　山东省各行业的生产总值、固定资产投资总额和就业状况（2017年）

行业（i）	行业生产总值/亿元	固定资产投资总额/亿元	就业/万人
农、林、牧、渔业	4 832.7	1 029.6	1 856.6
采矿业	—	517.7	76.3
制造业	28 705.7	22 658.7	1 455.4
电力、燃气及水的生产和供应业	—	2 886.3	33.1
建筑业	4 277.0	855.9	770.8
交通运输、仓储和邮政业	3 268.0	3 955.0	359.2
信息传输、计算机服务和软件业	1 153.8	317.7	105.0
批发和零售业	9 283.7	1 804.6	842.5
住宿和餐饮业	1 665.4	419.5	248.7
金融业	3 651.6	136.9	64.1
房地产业	3 091.4	9 592.0	76.3
租赁和商务服务业	2 343.0	1 380.2	84.8
科学研究、技术服务和地质勘查业	1 149.0	953.0	49.2
水利、环境和公共设施管理业	443.9	3 753.9	38.1
居民服务和其他服务业	1 212.6	239.0	73.1
教育业	2 467.5	1 167.2	160.5
卫生、社会保障和社会福利业	1 239.7	651.4	91.1
文化、体育和娱乐业	450.8	974.6	18.9
公共管理和社会组织	3 116.5	678.3	156.9

资料来源：《山东统计年鉴2018》。

表 3－21　山东省三次产业及其相应的 GBC 测度（2017 年）

产业（i）	需求结构/%	就业结构/%	劳动比较收益	投资结构/%	资金比较收益
总计	100.00	100.00	—	100.00	—
第一产业	6.65	28.30	0.24	1.90	3.50
第二产业	45.35	35.60	1.27	49.55	0.92
第三产业	47.99	36.10	1.33	48.55	0.99

表 3－22　山东省各行业结构及其相应的 GBC 测度（2017 年）

行业（i）	需求结构/%	就业结构/%	劳动比较收益	投资结构/%	资金比较收益
农、林、牧、渔业	6.65	28.30	0.24	1.90	3.50
采矿业	—	—	—	—	—
制造业	39.52	22.18	1.78	41.78	0.95
电力、燃气及水的生产和供应业	—	—	—	—	—
建筑业	5.89	11.75	0.50	1.58	3.73
交通运输、仓储和邮政业	4.50	5.48	0.82	7.29	0.62
信息传输、计算机服务和软件业	1.59	1.60	0.99	0.59	2.71
批发和零售业	12.78	12.84	1.00	3.33	3.84
住宿和餐饮业	2.29	3.79	0.60	0.77	2.96
金融业	5.03	0.98	5.15	0.25	19.92
房地产业	4.26	1.16	3.66	17.69	0.24
租赁和商务服务业	3.23	1.29	2.50	2.54	1.27
科学研究、技术服务和地质勘查业	1.58	0.75	2.11	1.76	0.90
水利、环境和公共设施管理业	0.61	0.58	1.05	6.92	0.09
居民服务和其他服务业	1.67	1.11	1.50	0.44	3.79
教育业	3.40	2.45	1.39	2.15	1.58
卫生、社会保障和社会福利业	1.71	1.39	1.23	1.20	1.42
文化、体育和娱乐业	0.62	0.29	2.15	1.80	0.35
公共管理和社会组织	4.29	2.39	1.79	1.25	3.43

表 3－21、表 3－22 显示如下。

（1）就三次产业而言，山东省的三次产业 6 个相关数据中，除第三产业的资金比较收益为0.99较均衡外，其余5个（83%）均处于极不均衡状态。尤其第一产业的资金比较收益最高，为3.50，而劳动比较收益又最低，为0.24。说明该省第一产业的劳动力最过剩，而资金又最短缺，应该将过剩劳动力向第二、第三产业转移，而第二、第三产业的过剩资金则必须投向第一产业。

（2）就行业情况而言，山东省21个行业的相关数据原本应该有42个，但因缺乏若干原始数据，目前只有28个，故只能讨论已有数据的情况：只有批发和零售业的劳动比较收益（1.00）和制造业的资金比较收益（0.95）两个基本均衡，其余26个93%均处于极不均衡状态。其中，金融业，房地产业，租赁和商务服务业，文化、体育和娱乐业，科学研究、技术服务和地质勘查业，公共管理和社会组织，制造业，居民服务和其他服务业，教育业，卫生、社会保障和社会福利业，水利、环境和公共设施管理业及批发和零售业12个行业的劳动比较收益都超过1，尤其金融业的劳动比较收益为5.15，是这一指标最低行业——农、林、牧、渔业的21倍（5.15/0.24）。而资金比较收益的不均衡就更为突出，其中金融业，批发和零售业，居民服务和其他服务业，建筑业，农、林、牧、渔业，公共管理和社会组织，住宿和餐饮业，信息传输、计算机服务和软件业，教育业，卫生、社会保障和社会福利业及租赁和商务服务业11个行业的这一指标均超过1。尤其是金融业的资金比较收益超过10，高达19.92。而水利、环境和公共设施管理业的这一指标较低，只有0.09，仅相当于金融业的0.004 5（0.09/19.92）、批发和零售业的0.023 4（0.09/3.84）以及居民服务和其他服务业的0.023 7（0.09/3.79）。

因此，就劳动比较收益的高低而言，山东省有数据的17个行业可做如下排序：

金融业，房地产业，租赁和商务服务业，文化、体育和娱乐业，科学研究、技术服务和地质勘查业，公共管理和社会组织，制造业，居民服务和其他服务业，教育业，卫生、社会保障和社会福利业，水利、环境和公共设施管理业，批发和零售业，信息传输、计算机服务和软件业，交通运输、仓储和邮政业，住宿和餐饮业，建筑业，农、林、牧、渔业。

就资金比较收益的高低而言，山东省有数据的 17 个行业可做如下排序：

金融业，批发和零售业，居民服务和其他服务业，建筑业，农、林、牧、渔业，公共管理和社会组织，住宿和餐饮业，信息传输、计算机服务和软件业，教育业，卫生、社会保障和社会福利业，租赁和商务服务业，制造业，科学研究、技术服务和地质勘查业，交通运输、仓储和邮政业，文化、体育和娱乐业，房地产业，水利、环境和公共设施管理业。

二、山东省三次产业及其行业的投资与就业的基本结论

（1）就劳动比较收益而言，金融业，房地产业，租赁和商务服务业，文化、体育和娱乐业，科学研究、技术服务和地质勘查业，公共管理和社会组织，制造业，居民服务和其他服务业，教育业，卫生、社会保障和社会福利业，水利、环境和公共设施管理业及批发和零售业 12 个行业的劳动比较收益都超过 1，是就业相对理想的行业；农、林、牧、渔业，建筑业，住宿和餐饮业，交通运输、仓储和邮政业及信息传输、计算机服务和软件业则是就业过剩行业，应适当减少劳动力进入，且其过剩的劳动力要设法转移到前面 12 个行业中。

换言之，无论是东部地区还是全国各地以至于全球到山东省的就业者，其就业的产业为第二产业与第三产业，行业排序为：

金融业，房地产业，租赁和商务服务业，文化、体育和娱乐业，科学研究、技术服务和地质勘查业，公共管理和社会组织，制造业，居民服务和其他服务业，教育业，卫生、社会保障和社会福利业，水利、环境和公共设施管理业，批发和零售业。

尽量不要去第一产业和建筑业，因为那里的劳动力已经趋于饱和了。

以上即为山东省三次产业及其行业的就业去向。

（2）就资金比较收益而言，金融业，批发和零售业，居民服务和其他服务业，建筑业，农、林、牧、渔业，公共管理和社会组织，住宿和餐饮业，信息传输、计算机服务和软件业，教育业，卫生、社会保障和社会福利业及租赁和商务服务业 11 个行业的资金比较收益均超过 1，是投资相对理想的行业；而水利、环境和公共设施管理业，房地产业，文化、体育和娱乐业，交通运输、仓储和邮政业，科学研究、技术服务和地质勘查业及制造业 6 个行业则是投资过剩的行业，应适当减少资金的进入，其过剩资金要设法转移到前面 11 个行业中。

换言之，无论是东部地区还是全国各地，以至于全球到山东省的投资者，其投资的行业排序为：

金融业，批发和零售业，居民服务和其他服务业，建筑业，农、林、牧、渔业，公共管理和社会组织，住宿和餐饮业，信息传输、计算机服务和软件业，教育业，卫生、社会保障和社会福利业，租赁和商务服务业。

尽量不要去水利、环境和公共设施管理业，房地产业，文化，体育和娱乐业，交通运输、仓储和邮政业，科学研究、技术服务和地质勘查业及制造业，因为那里的投资已经严重过剩了。

以上即为山东省三次产业及其行业的投资去向。

（3）综合上述两项指标考虑，山东省的产业与行业投资与就业效益均好的行业是金融业、租赁和商务服务业，教育业，公共管理和社会组织，卫生、社会保障和社会福利业及批发和零售业，因为其劳动与资金的比较收益都超过 1。

第七节　河北省产业与行业的投资与就业指南

一、河北省三次产业与行业的投资与就业结构现状

将河北省三次产业与行业的产值、投资和就业状况（见表3－23、表3－24）及其相应的比较收益计算出来并进行比较，即可得出河北省三次产业与行业的投资与就业结构现状及其相应的比较收益。计算方法同上，其结果见表3－25、表3－26。

表3－23　河北省三次产业的生产总值、固定资产投资总额和就业状况（2017年）

产业（i）	产业生产总值/亿元	固定资产投资总额/亿元	就业/万人
总计	3 4016.3	33 406.8	4 206.7
第一产业	3 130.0	1 725.0	1 366.9
第二产业	15 846.2	16 168.1	1 396.6
第三产业	15 040.1	15 513.7	1 443.2

表3－24　河北省各行业的生产总值、固定资产投资总额和就业状况（2017年）

行业（i）	行业生产总值/亿元	固定资产投资总额/亿元	就业/万人
农、林、牧、渔业	3 130.0	1 725.0	1 366.9
采矿业	906.7	381.1	83.5
制造业	11 724.4	13 875.9	858.1
电力、燃气及水的生产和供应业	1 126.8	1 919.9	40.0
建筑业	2 109.0	4.5	415.1
交通运输、仓储和邮政业	2 497.9	2 135.5	193.1
信息传输、计算机服务和软件业	700.4	327.4	28.2
批发和零售业	2 833.0	798.2	406.4
住宿和餐饮业	492.7	209.0	195.0
金融业	2 053.4	58.8	42.8
房地产业	1 690.3	5 810.7	15.3
租赁和商务服务业	493.7	557.0	42.8

续表

行业（i）	行业生产总值/亿元	固定资产投资总额/亿元	就业/万人
科学研究、技术服务和地质勘查业	460.3	426.8	16.9
水利、环境和公共设施管理业	200.0	3 554.2	20.4
居民服务和其他服务业	970.0	100.2	142.4
教育业	648.8	317.8	140.8
卫生、社会保障和社会福利业	637.3	334.9	66.0
文化、体育和娱乐业	147.4	511.2	20.2
公共管理和社会组织	1 026.6	210.5	112.9

资料来源：《河北经济年鉴 2018》。

表 3－25　河北省三次产业及其相应的 GBC 测度（2017 年）

产业（i）	需求结构/%	就业结构/%	劳动比较收益	投资结构/%	资金比较收益
总计	100.00	100.00	—	100.00	—
第一产业	9.20	32.49	0.28	5.16	1.78
第二产业	46.58	33.20	1.40	48.40	0.96
第三产业	44.21	34.31	1.29	46.44	0.95

表 3－26　河北省各行业结构及其相应的 GBC 测度（2017 年）

行业（i）	需求结构/%	就业结构/%	劳动比较收益	投资结构/%	资金比较收益
农、林、牧、渔业	9.20	32.49	0.28	5.16	1.78
采矿业	2.67	1.98	1.34	1.14	2.34
制造业	34.47	20.40	1.69	41.54	0.83
电力、燃气及水的生产和供应业	3.31	0.95	3.48	5.75	0.58
建筑业	6.20	9.87	0.63	0.01	460.27
交通运输、仓储和邮政业	7.34	4.59	1.60	6.39	1.15
信息传输、计算机服务和软件业	2.06	0.67	3.07	0.98	2.10
批发和零售业	8.33	9.66	0.86	2.39	3.49
住宿和餐饮业	1.45	4.64	0.31	0.63	2.32
金融业	6.04	1.02	5.93	0.18	34.30

续表

行业（i）	需求结构/%	就业结构/%	劳动比较收益	投资结构/%	资金比较收益
房地产业	4.97	0.36	13.66	17.39	0.29
租赁和商务服务业	1.45	1.02	1.43	1.67	0.87
科学研究、技术服务和地质勘查业	1.35	0.40	3.37	1.28	1.06
水利、环境和公共设施管理业	0.59	0.48	1.21	10.64	0.06
居民服务和其他服务业	2.85	3.39	0.84	0.30	9.51
教育业	1.91	3.35	0.57	0.95	2.00
卫生、社会保障和社会福利业	1.87	1.57	1.19	1.00	1.87
文化、体育和娱乐业	0.43	0.48	0.90	1.53	0.28
公共管理和社会组织	3.02	2.68	1.12	0.63	4.79

表3-25、表3-26显示如下。

（1）就三次产业而言，河北省的第二、第三产业的资金比较收益较均衡，分别为0.96与0.95（均较接近1），而其他4个相关数据67%均处于极不均衡状态。第一产业的劳动比较收益分别为第二、第三产业这一指标的0.20（0.28/1.40）和0.22（0.28/1.29）。而资金比较收益方面，第一产业严重过剩，为1.78，分别为第二、第三产业的近两倍：1.9（1.78/0.96）和1.9（1.78/0.95）。

（2）就行业情况而言，其就业与投资的比较收益只能根据已有数据做部分计算，故就业与投资问题也只能做以下部分讨论。河北省21个行业的相关数据原本应该有42个，但因缺乏一些原始数据，目前只有38个，故只能讨论已有数据的情况：全部，即100%处于极不均衡状态。其中，金融业，科学研究、技术服务和地质勘查业，信息传输、计算机服务和软件业，交通运输、仓储和邮政业，采矿业，卫生、社会保障和社会福利业及公共管理和社会组织8个行业的两个指标都超过1，另外，房地产业的劳动比较收益为13.66，是现有数据中这一指标最低行业——农、林、牧、渔业的近49倍（13.66/0.28）。而资金比较收益的不均衡就更为突出，其中建筑业，金融业，居民服务和其他服务业，公共管理和社会组织，批发和零售业，采矿业，住宿和餐饮业，信息传输、计算机服务和软件业，教育业，卫生、社会保障和社会福利业，农、林、牧、渔业，交通运输、仓储和邮政业，及科学研究、技术服务和地质勘查业 13 个行业的这一指标超过 1。尤其是建筑业、金融业的资金比较收益超过 10，分别高达 460.27 与 34.30。而水利、环境和公共设施管理业的这一指标太低，只有 0.06，仅相当于金融业的 0.001 7（0.06/34.30）、建筑业的 0.000 1（0.06/460.27）、居民服务和其他服务业的 0.0063（0.06/9.51），以及批发和零售业的 0.071（0.06/3.49）。

因此，就劳动比较收益的高低而言，河北省有数据的 19 个行业可做如下排序：

房地产业，金融业，电力、燃气及水的生产和供应业，科学研究、技术服务和地质勘查业，信息传输、计算机服务和软件业，制造业，交通运输、仓储和邮政业，租赁和商务服务业，采矿业，水利、环境和公共设施管理业，卫生、社会保障和社会福利业，公共管理和社会组织，文化、体育和娱乐业，批发和零售业，居民服务和其他服务业，建筑业，教育业，住宿和餐饮业，农、林、牧、渔业。

就资金比较收益的高低而言，河北省有数据的 19 个行业可做如下排序：

建筑业，金融业，居民服务和其他服务业，公共管理和社会组织，批发和零售业，采矿业，住宿和餐饮业，信息传输、计算机服务和软件业，教育业，卫生、社会保障和社会福利业，农、林、牧、渔业，交通运输、仓储和邮政业，科学研究、技术服务和地质勘查业，租赁和商务服务业，制造业，电力、燃气及水的生产和供应业，房地产业，文化、体育和娱乐业，水利、环境和公共设施管理业。

二、河北省三次产业及其行业的投资与就业的基本结论

（1）就劳动比较收益而言，房地产业，金融业，电力、燃气及水的生产和供应业，科学研究、技术服务和地质勘查业，信息传输、计算机服务和软件业，制造业，交通运输、仓储和邮政业，租赁和商务服务业，采矿业，水利、环境和公共设施管理业，卫生、社会保障和社会福利业及公共管理和社会组织 12 个行业的劳动比较收益均超过 1，是就业相对理想的行业；而农、林、牧、渔业，住宿和餐饮业，教育业，建筑业，居民服务和其他服务业，批发和零售业，及文化、体育和娱乐业 7 个行业则是就业过剩行业，应适当减少劳动力进入，且其过剩的劳动力要设法转移到前面 12 个行业中。

换言之，无论是东部地区还是全国各地，以至于全球到河北省的就业者，其就业的行业排序为：

房地产业，金融业，电力、燃气及水的生产和供应业，科学研究、技术服务和地质勘查业，信息传输、计算机服务和软件业，制造业，交通运输、仓储和邮政业，租赁和商务服务业，采矿业，水利、环境和公共设施管理业，卫生、社会保障和社会福利业，公共管理和社会组织。

尽量不要去第一产业和除上述行业以外的其他行业，因为那里的劳动力已经趋于饱和了。

以上即为河北省三次产业及其行业的就业去向。

（2）就资金比较收益而言，建筑业，金融业，居民服务和其他服务业，公共管理和社会组织，批发和零售业，采矿业，住宿和餐饮业，信息传输、计算机服务和软件业，教育业，卫生、社会保障和社会福利业，农、林、牧、渔业，交通运输、仓储和邮政业，及科学研究、技术服务和地质勘查业 13 个行业的资金比较收益均超过 1，是投资相对理想的行业；而水利、环境和公共设施管理业，文化、体育和娱乐业，房地产业，电

力、燃气及水的生产和供应业，制造业，租赁和商务服务业则是投资过剩的6个行业，应适当减少资金的进入，其过剩资金要设法转移到前面13个行业中。

换言之，无论是东部地区还是全国各地，以至于全球到河北省的投资者，其投资的行业排序为：

建筑业，金融业，居民服务和其他服务业，公共管理和社会组织，批发和零售业，采矿业，住宿和餐饮业，信息传输、计算机服务和软件业，教育业，卫生、社会保障和社会福利业，农、林、牧、渔业，交通运输、仓储和邮政业，科学研究、技术服务和地质勘查业。

尽量不要去水利、环境和公共设施管理业，文化、体育和娱乐业，房地产业，电力、燃气及水的生产和供应业，制造业及租赁和商务服务业，因为那里的投资已经严重过剩了。

以上即为河北省三次产业及其行业的投资去向。

（3）综合上述两项指标考虑，河北省的投资与就业效益均好的行业是金融业，科学研究、技术服务和地质勘查业，信息传输、计算机服务和软件业，交通运输、仓储和邮政业，采矿业，卫生、社会保障和社会福利业及公共管理和社会组织，因为其劳动与资金的比较收益均超过1。

第八节　浙江省产业与行业的投资与就业指南

一、浙江省三次产业与行业的投资与就业结构现状

将浙江省三次产业与行业的产值、投资和就业状况（见表3－27、表3－28）及其相应的比较收益计算出来并进行比较，即可得出浙江省三次产业与行业的投资与就业结构现状及其相应的比较收益。计算方法同上，其结果见表3－29、表3－30。

表3－27　浙江省三次产业的生产总值、固定资产投资总额和就业状况（2017年）

产业（i）	产业生产总值/亿元	固定资产投资总额/亿元	就业/万人
总计	51 768.3	31 126.0	3 796.0
第一产业	1 933.9	264.9	447.9
第二产业	22 232.1	9 307.9	1 754.6
第三产业	27 602.3	21 553.2	1 593.5

表3－28　浙江省各行业的生产总值、固定资产投资总额和就业状况（2017年）

行业（i）	行业生产总值/亿元	固定资产投资总额/亿元	就业/万人
农、林、牧、渔业	1 933.9	264.9	447.9
采矿业	—	—	—
制造业	19 474.5	7 988.8	1 339.2
电力、燃气及水的生产和供应业	—	—	—
建筑业	2 845.5	18.7	398.6
交通运输、仓储和邮政业	1 938.2	2 966.0	166.1
信息传输、计算机服务和软件业	2 914.8	336.9	90.7
批发和零售业	6 217.3	276.1	550.7
住宿和餐饮业	1 218.5	331.4	119.9
金融业	3 533.1	57.7	50.5
房地产业	3 222.5	10 468.6	49.3
租赁和商务服务业	1 481.5	668.3	118.8
科学研究、技术服务和地质勘查业	795.5	131.9	47.5
水利、环境和公共设施管理业	255.3	4 702.5	21.1
居民服务和其他服务业	823.3	85.5	136.0
教育业	1 606.6	517.5	77.2
卫生、社会保障和社会福利业	1 105.5	275.8	52.9
文化、体育和娱乐业	431.1	484.6	21.9
公共管理和社会组织	1 932.3	148.8	91.2

资料来源：《浙江统计年鉴2018》。

表 3－29　浙江省三次产业及其相应的 GBC 测度（2017 年）

产业（i）	需求结构/%	就业结构/%	劳动比较收益	投资结构/%	资金比较收益
总计	100.00	100.00	—	100.00	—
第一产业	3.74	11.80	0.32	0.85	4.39
第二产业	42.95	46.22	0.93	29.90	1.44
第三产业	53.32	41.98	1.27	69.25	0.77

表 3－30　浙江省各行业结构及其相应的 GBC 测度（2017 年）

行业（i）	需求结构/%	就业结构/%	劳动比较收益	投资结构/%	资金比较收益
农、林、牧、渔业	3.74	11.80	0.32	0.85	4.39
采矿业	—	—	—	—	—
制造业	37.62	35.28	1.07	25.67	1.47
电力、燃气及水的生产和供应业	—	—	—	—	—
建筑业	5.50	10.50	0.52	0.06	91.49
交通运输、仓储和邮政业	3.74	4.38	0.86	9.53	0.39
信息传输、计算机服务和软件业	5.63	2.39	2.36	1.08	5.20
批发和零售业	12.01	14.51	0.83	0.89	13.54
住宿和餐饮业	2.35	3.16	0.75	1.06	2.21
金融业	6.82	1.33	5.13	0.19	36.82
房地产业	6.22	1.30	4.79	33.63	0.19
租赁和商务服务业	2.86	3.13	0.91	2.15	1.33
科学研究、技术服务和地质勘查业	1.54	1.25	1.23	0.42	3.63
水利、环境和公共设施管理业	0.49	0.56	0.89	15.11	0.03
居民服务和其他服务业	1.59	3.58	0.44	0.27	5.79
教育业	3.10	2.03	1.53	1.66	1.87
卫生、社会保障和社会福利业	2.14	1.39	1.53	0.89	2.41
文化、体育和娱乐业	0.83	0.58	1.44	1.56	0.53
公共管理和社会组织	3.73	2.40	1.55	0.48	7.81

表 3－29、表 3－30 显示如下。

（1）就三次产业而言，浙江省的三次产业 6 个相关数据全都处于极不均衡状态。尤其第一产业的两个数据都是三大产业6个数据中的极端，其中劳动比较收益最小，为0.32，而资金比较收益最高，为4.39。表明第一产业劳动力最过剩，而资金又最缺乏；第二产业的劳动力相对过剩（0.93），而资金也较缺乏（1.44）；第三产业的劳动力最缺乏，而投资又严重过剩，分别为1.27，0.77。

（2）就行业情况而言，浙江省21个行业的相关数据原本应该有42个，但因缺乏若干原始数据，目前只有34个，故只能讨论已有数据的情况：全都处于极不均衡状态。其中，金融业，房地产业，信息传输、计算机服务和软件业，公共管理和社会组织，教育业，卫生、社会保障和社会福利业，文化、体育和娱乐业，科学研究、技术服务和地质勘查业及制造业9个行业的劳动比较收益都超过1，尤其金融业的劳动比较收益最高，为5.13，是这一指标最低行业——农、林、牧、渔业的16倍（5.13/0.32）。而资金比较收益不均衡就更为突出，其中建筑业，金融业，居民服务和其他服务业，批发和零售业，农、林、牧、渔业，信息传输、计算机服务和软件业，科学研究、技术服务和地质勘查业，公共管理和社会组织，卫生、社会保障和社会福利业，教育业，住宿和餐饮业，租赁和商务服务业及制造业13个行业的这一指标均超过1，尤其是建筑业，金融业，批发和零售业都超过10。而水利、环境和公共设施管理业的这一指标太低，只有0.03，仅相当于建筑业的0.000 3（0.03/91.49）、金融业的0.000 81（0.03/36.82）以及批发和零售业的0.004 4（0.06/13.54）。

因此，就劳动比较收益的高低而言，浙江省有数据的17个行业可做如下排序：

金融业，房地产业，信息传输、计算机服务和软件业，公共管理和社会组织，教育业，卫生、社会保障和社会福利业，文化、体育和娱乐业，科学研究、技术服务和地质勘查业，制造业，租赁和商务服务业，水利、环境和公共设施管理业，交通运输、仓储和邮政业，批发和零售业，住宿和餐饮业，建筑业，居民服务和其他服务业，农、林、牧、渔业。

就资金比较收益的高低而言，浙江省有数据的17个行业可做如下排序：

建筑业，金融业，批发和零售业，公共管理和社会组织，居民服务和其他服务业，信息传输、计算机服务和软件业，农、林、牧、渔业，科学研究、技术服务和地质勘查业，卫生、社会保障和社会福利业，住宿和餐饮业，教育业，制造业，租赁和商务服务业，文化、体育和娱乐业，交通运输、仓储和邮政业，房地产业，水利、环境和公共设施管理业。

二、浙江省三次产业及其行业的投资与就业的基本结论

（1）就劳动比较收益而言，金融业，房地产业，信息传输、计算机服务和软件业，公共管理和社会组织，教育业，卫生、社会保障和社会福利业，文化、体育和娱乐业，科学研究、技术服务和地质勘查业，及制造业9个行业的劳动比较收益都超过1，是就业相对理想的行业；其余8个行业，即农、林、牧、渔业，居民服务和其他服务业，建筑业，住宿和餐饮业，批发和零售业，交通运输、仓储和邮政业，水利、环境和公共设施管理业及租赁和商务服务业则就业过剩，应适当减少劳动力进入，其过剩的劳动力要设法转移到前面9个行业中。

换言之，无论是东部地区还是全国各地，以至于全球到浙江省的就业者，其就业的产业为第二产业与第三产业，行业排序为：

金融业，房地产业，信息传输、计算机服务和软件业，公共管理和社会组织，教育业，卫生、社会保障和社会福利业，文化、体育和娱乐业，科学研究、技术服务和地质勘查业，制造业。

尽量不要去第一产业和除上述行业以外的其他行业，因为那里的劳动

力已经趋于饱和了。

以上即为浙江省三次产业及其行业的就业去向。

（2）就资金比较收益而言，建筑业，金融业，批发和零售业，公共管理和社会组织，居民服务和其他服务业，信息传输、计算机服务和软件业，农、林、牧、渔业，科学研究、技术服务和地质勘查业，卫生、社会保障和社会福利业，住宿和餐饮业，教育业，制造业及租赁和商务服务业13个行业的这一指标均超过1，是投资相对理想的行业；而水利、环境和公共设施管理业，房地产业，交通运输、仓储和邮政业，及文化、体育和娱乐业4个行业则是投资过剩的行业，应适当减少资金的进入，其过剩资金要设法转移到前面13个行业中。

换言之，无论是东部地区还是全国各地，以至于全球到浙江省的投资者，其投资的行业排序为：

建筑业，金融业，批发和零售业，公共管理和社会组织，居民服务和其他服务业，信息传输、计算机服务和软件业，农、林、牧、渔业，科学研究、技术服务和地质勘查业，卫生、社会保障和社会福利业，住宿和餐饮业，教育业，制造业，租赁和商务服务业，文化、体育和娱乐业，交通运输、仓储和邮政业，房地产业，水利、环境和公共设施管理业。

尽量不要去水利、环境和公共设施管理业，房地产业，交通运输、仓储和邮政业及文化、体育和娱乐业4个行业，因为那里的投资已经严重过剩了。

以上即为浙江省三次产业及其行业的投资去向。

（3）综合上述两项指标考虑，浙江省的产业与行业投资与就业效益均好的行业是金融业，信息传输、计算机服务和软件业，公共管理和社会组织，教育业，卫生、社会保障和社会福利业，科学研究、技术服务和地质勘查业及制造业7个行业，因为其劳动与资金的比较收益都超过1。较差的是水利、环境和公共设施管理业。

第九节 福建省产业与行业的投资与就业指南

一、福建省三次产业与行业的投资与就业结构现状

将福建省三次产业与行业的产值、投资和就业状况（见表3－31、表3－32）及其相应的比较收益计算出来并进行比较，即可得出福建省三次产业与行业的投资与就业结构现状及其相应的比较收益。计算方法同上，其结果见表3－33、表3－34。

表3－31 福建省三次产业的生产总值、固定资产投资总额和就业状况（2017年）

产业（i）	产业生产总值/亿元	固定资产投资总额/亿元	就业/万人
总计	32 292.1	26 226.6	2 805.7
第一产业	2 215.1	980.3	609.2
第二产业	15 354.3	8846.5	997.0
第三产业	14 722.7	16 399.8	1 199.5

表3－32 福建省各行业的生产总值、固定资产投资总额和就业状况（2017年）

行业（i）	行业生产总值/亿元	固定资产投资总额/亿元	就业/万人
农、林、牧、渔业	2 215.1	980.3	609.2
采矿业	272.4	172.5	5.4
制造业	11 802.5	7 565.7	609.0
电力、燃气及水的生产和供应业	600.0	1 062.5	24.5
建筑业	2 707.8	64.1	358.1
交通运输、仓储和邮政业	1 889.7	2 921.8	105.7
信息传输、计算机服务和软件业	785.2	364.5	52.5
批发和零售业	2 502.8	706.3	138.0
住宿和餐饮业	465.1	213.1	50.7
金融业	2 055.5	17.6	67.7
房地产业	1 768.5	5 577.9	76.5

续表

行业（i）	行业生产总值/亿元	固定资产投资总额/亿元	就业/万人
租赁和商务服务业	1 380.1	333.6	71.2
科学研究、技术服务和地质勘查业	341.9	115.6	36.7
水利、环境和公共设施管理业	96.6	4 486.7	23.9
居民服务和其他服务业	871.3	97.7	17.9
教育业	683.8	369.6	248.9
卫生、社会保障和社会福利业	534.2	265.3	111.4
文化、体育和娱乐业	706.6	432.4	19.1
公共管理和社会组织	533.7	380.1	179.3

资料来源：《福建统计年鉴2018》。

表3－33　福建省三次产业及其相应的GBC测度（2017年）

产业（i）	需求结构/%	就业结构/%	劳动比较收益	投资结构/%	资金比较收益
总计	100.00	100.00	—	100.00	—
第一产业	6.86	21.71	0.32	3.74	1.84
第二产业	47.55	35.53	1.34	33.73	1.41
第三产业	45.59	42.75	1.07	62.53	0.73

表3－34　福建省各行业结构及其相应的GBC测度（2017年）

行业（i）	需求结构/%	就业结构/%	劳动比较收益	投资结构/%	资金比较收益
农、林、牧、渔业	6.86	21.71	0.32	3.74	1.84
采矿业	0.84	0.19	4.38	0.66	1.28
制造业	36.55	21.71	1.68	28.85	1.27
电力、燃气及水的生产和供应业	1.86	0.87	2.13	4.05	0.46
建筑业	8.39	12.76	0.66	0.24	34.31
交通运输、仓储和邮政业	5.85	3.77	1.55	11.14	0.53
信息传输、计算机服务和软件业	2.43	1.87	1.30	1.39	1.75
批发和零售业	7.75	4.92	1.58	2.69	2.88
住宿和餐饮业	1.44	1.81	0.80	0.81	1.77

续表

行业（i）	需求结构/%	就业结构/%	劳动比较收益	投资结构/%	资金比较收益
金融业	6.37	2.41	2.64	0.07	94.85
房地产业	5.48	2.73	2.01	21.27	0.26
租赁和商务服务业	4.27	2.54	1.68	1.27	3.36
科学研究、技术服务和地质勘查业	1.06	1.31	0.81	0.44	2.40
水利、环境和公共设施管理业	0.30	0.85	0.35	17.11	0.02
居民服务和其他服务业	2.70	0.64	4.23	0.37	7.24
教育业	2.12	8.87	0.24	1.41	1.50
卫生、社会保障和社会福利业	1.65	3.97	0.42	1.01	1.64
文化、体育和娱乐业	2.19	0.68	3.21	1.65	1.33
公共管理和社会组织	1.65	6.39	0.26	1.45	1.14

表 3－33、表 3－34 显示如下。

（1）就三次产业而言，福建省的三次产业 6 个相关数据全都处于极不均衡状态。尤其第一产业的劳动比较收益极低，只有 0.32，不到第二产业这一指标的 1/4（0.32/1.34）。而资金比较收益方面，第一、第二产业严重短缺，分别为 1.84 与 1.41，第三产业却又严重过剩，为 0.73。

（2）就行业情况而言，福建省 21 个行业的相关数据原本应该有 42 个，但因缺乏若干原始数据，目前只有 38 个，数据显示 19 个行业全都处于极不均衡状态。其中，采矿业，居民服务和其他服务业，文化、体育和娱乐业，电力、燃气及水的生产和供应业，金融业，房地产业，制造业，租赁和商务服务业，批发和零售业，交通运输、仓储和邮政业及信息传输、计算机服务和软件业 11 个行业的劳动比较收益都超过 1。尤其采矿业的劳动比较收益为 4.38，是这一指标最低行业——教育业的劳动比较收益的 18 倍多（4.38/0.24）。而金融业，建筑业，居民服务和其他服务业，租赁和商务服务业，批发和零售业，科学研究、技术服务和地质勘查业，农、林、牧、渔业，住宿和餐饮业，信息传输、计算机服务和软件业，卫生、社会保障和社会福利业，文化、体育和娱乐业，教育业，采矿业，制造业及公共管理和社会组织15个行业的资金比较收益都超过1，尤其金融业的资金比较收益高达94.85，是这一指标最低行业——水利、环境和公共设施管理业的4 743倍（94.85/0.02），是房地产业这一指标的365倍（94.85/0.26），是电力、燃气及水的生产和供应业这一指标的206倍多（94.85/0.46），是交通运输、仓储和邮政业这一指标的近179倍（94.85/0.53）。

因此，就劳动比较收益的高低而言，福建省有数据的19个行业可做如下排序：

采矿业，居民服务和其他服务业，文化、体育和娱乐业，电力、燃气及水的生产和供应业，金融业，房地产业，制造业，租赁和商务服务业，批发和零售业，交通运输、仓储和邮政业，信息传输、计算机服务和软件业，科学研究、技术服务和地质勘查业，住宿和餐饮业，建筑业，卫生、社会保障和社会福利业，水利、环境和公共设施管理业，农、林、牧、渔业，公共管理和社会组织，教育业。

就资金比较收益的高低而言，福建省有数据的19个行业可做如下排序：

金融业，建筑业，居民服务和其他服务业，租赁和商务服务业，批发和零售业，科学研究、技术服务和地质勘查业，农、林、牧、渔业，住宿和餐饮业，信息传输、计算机服务和软件业，卫生、社会保障和社会福利业，教育业，文化、体育和娱乐业，采矿业，制造业，公共管理和社会组织，交通运输、仓储和邮政业电力、燃气及水的生产和供应业，房地产业，水利、环境和公共设施管理业。

二、福建省三次产业及其行业的投资与就业的基本结论

（1）就劳动比较收益而言，采矿业，居民服务和其他服务业，文化、体育和娱乐业，电力、燃气及水的生产和供应业，金融业，房地产业，制

造业，租赁和商务服务业，批发和零售业，交通运输、仓储和邮政业及信息传输、计算机服务和软件业 11 个行业的劳动比较收益都超过 1，是就业相对理想的行业；其余 8 个行业则是就业过剩行业，应适当减少劳动力进入，尤其教育业，公共管理和社会组织，农、林、牧、渔业，水利、环境和公共设施管理业，卫生、社会保障和社会福利业，建筑业，住宿和餐饮业及科学研究、技术服务和地质勘查业，其过剩的劳动力要设法转移到前面 11 个行业中。

换言之，无论是东部地区还是全国各地，以至于全球到福建省的就业者，其就业的产业为第二产业，行业排序为：

采矿业，居民服务和其他服务业，文化、体育和娱乐业，电力、燃气及水的生产和供应业，金融业，房地产业，制造业，租赁和商务服务业，批发和零售业，交通运输、仓储和邮政业，信息传输、计算机服务和软件业。

尽量不要去第一、第三产业和除上述行业以外的其他 8 个行业，因为那里的劳动力已经趋于饱和了。

无论是东部地区还是全国各地以至于全球到福建省的就业者，其就业的产业为第二产业，尽量不要去第一、第三产业。

以上即为福建省三次产业及其行业的就业去向。

（2）就资金比较收益而言，金融业，建筑业，居民服务和其他服务业，租赁和商务服务业，批发和零售业，科学研究、技术服务和地质勘查业，农、林、牧、渔业，住宿和餐饮业，信息传输、计算机服务和软件业，卫生、社会保障和社会福利业，教育业，文化、体育和娱乐业，采矿业，制造业及公共管理和社会组织 15 个行业的这一指标均超过 1，是投资相对理想的行业；而水利、环境和公共设施管理业，房地产业，电力、燃气及水的生产和供应业及交通运输、仓储和邮政业 4 个行业则是投资过剩的行业，应适当减少资金的进入，其过剩资金要设法转移到前面 15 个行业中。

换言之，无论是东部地区还是全国各地，以至于全球到福建省的投资者，其投资的行业排序为：

金融业，建筑业，居民服务和其他服务业，租赁和商务服务业，批发和零售业，科学研究、技术服务和地质勘查业，农、林、牧、渔业，住宿和餐饮业，信息传输、计算机服务和软件业，卫生、社会保障和社会福利业，教育业，文化、体育和娱乐业，采矿业，制造业，公共管理和社会组织。

尽量不要去水利、环境和公共设施管理业，房地产业，电力、燃气及水的生产和供应业及交通运输、仓储和邮政业 4 个行业，因为那里的投资已经严重过剩了。

以上即为福建省三次产业及其行业的投资去向。

（3）综合上述两项指标考虑，福建省的产业与行业投资与就业效益均好的行业是采矿业，居民服务和其他服务业，金融业，文化、体育和娱乐业，制造业、租赁和商务服务业，批发和零售业及信息传输、计算机服务和软件业，因为其劳动与资金的比较收益都超过 1，其他行业都至少有一项远离 1。

第十节　海南省产业与行业的投资与就业指南

一、海南省三次产业与行业的投资与就业结构现状

将海南省三次产业与行业的产值、投资和就业状况（见表 3－35、表 3－36）及其相应的比较收益计算出来并进行比较，即可得出海南省三次产业与行业的投资与就业结构现状及其相应的比较收益。计算方法同上，其结果见表 3－37、表 3－38。

表3-35 海南省三次产业的生产总值、固定资产投资总额和就业状况（2017年）

产业（i）	产业生产总值/亿元	固定资产投资总额/亿元	就业/万人
总计	4 462.5	4 125.4	583.9
第一产业	962.8	53.3	235.4
第二产业	996.4	283.2	68.7
第三产业	2503.3	3 788.9	279.8

表3-36 海南省各行业的生产总值、固定资产投资总额和就业状况（2017年）

行业（i）	行业生产总值/亿元	固定资产投资总额/亿元	就业/万人
农、林、牧、渔业	962.8	53.3	235.4
采矿业	—	6.9	0.9
制造业	528.3	134.7	28.4
电力、燃气及水的生产和供应业	—	107.2	2.5
建筑业	470.0	34.4	36.9
交通运输、仓储和邮政业	248.9	486.0	17.1
信息传输、计算机服务和软件业	129.6	108.2	22.2
批发和零售业	496.7	45.7	68.5
住宿和餐饮业	221.4	84.1	40.4
金融业	308.9	0.7	5.0
房地产业	434.9	2175.3	19.2
租赁和商务服务业	55.4	27.9	19.2
科学研究、技术服务和地质勘查业	52.0	32.3	5.3
水利、环境和公共设施管理业	47.9	472.6	3.9
居民服务和其他服务业	65.2	8.7	12.2
教育业	137.3	81.9	13.8
卫生、社会保障和社会福利业	85.7	84.8	7.3
文化、体育和娱乐业	38.3	150.4	3.8
公共管理和社会组织	148.6	30.3	15.0

资料来源：《海南统计年鉴2018》。

表3-37 海南省三次产业及其相应的GBC测度（2017年）

产业（i）	需求结构/%	就业结构/%	劳动比较收益	投资结构/%	资金比较收益
总计	100.00	100.00	—	100.00	—
第一产业	21.58	40.32	0.54	1.29	16.70
第二产业	22.33	11.77	1.90	6.86	3.25
第三产业	56.10	47.92	1.17	91.84	0.61

表3-38 海南省各行业结构及其相应的GBC测度（2017年）

行业（i）	需求结构/%	就业结构/%	劳动比较收益	投资结构/%	资金比较收益
农、林、牧、渔业	21.58	40.32	0.54	1.29	16.70
采矿业	—	—	—	—	—
制造业	11.84	4.86	2.43	3.27	3.63
电力、燃气及水的生产和供应业	—	—	—	—	—
建筑业	10.53	6.32	1.67	0.83	12.63
交通运输、仓储和邮政业	5.58	2.93	1.90	11.78	0.47
信息传输、计算机服务和软件业	2.90	3.80	0.76	2.62	1.11
批发和零售业	11.13	11.73	0.95	1.11	10.05
住宿和餐饮业	4.96	6.92	0.72	2.04	2.43
金融业	6.92	0.86	8.08	0.02	407.95
房地产业	9.75	3.29	2.96	52.73	0.18
租赁和商务服务业	1.24	3.29	0.38	0.68	1.84
科学研究、技术服务和地质勘查业	1.17	0.91	1.28	0.78	1.49
水利、环境和公共设施管理业	1.07	0.67	1.61	11.46	0.09
居民服务和其他服务业	1.46	2.09	0.70	0.21	6.93
教育业	3.08	2.36	1.30	1.99	1.55
卫生、社会保障和社会福利业	1.92	1.25	1.54	2.06	0.93
文化、体育和娱乐业	0.86	0.65	1.32	3.65	0.24
公共管理和社会组织	3.33	2.57	1.30	0.73	4.53

表3-37、表3-38显示如下。

（1）就三次产业而言，由于缺乏数据，海南省三次产业相关数据全都处于极不均衡状态。其中，第二、第三产业的劳动比较收益均大于1，分别为第一产业的3.5倍（1.90/0.54）和2.2倍（1.17/0.54）。而在资金的比较收益方面，第一、第二产业严重短缺，分别为16.70与3.25，第三产业却又严重过剩，为0.61，分别是第一、第二产业的27倍（16.70/0.61）和5倍（3.25/0.61）。

（2）就行业情况而言，海南省21个行业的相关数据原本应该有42个，但因缺乏若干原始数据，目前只有34个，故只能讨论已有数据的情况：所有数据全都处于极不均衡状态。其中，金融业，房地产业，制造业，交通运输、仓储和邮政业，建筑业，水利、环境和公共设施管理业，卫生、社会保障和社会福利业，文化、体育和娱乐业，教育业，公共管理和社会组织及科学研究、技术服务和地质勘查业11个行业的劳动比较收益都超过1，尤其金融业的劳动比较收益为8.08，是这一指标最低行业——租赁和商务服务业的21倍（8.08/0.38）。而资金比较收益的不均衡就更为突出，其中金融业，农、林、牧、渔业，建筑业，批发和零售业，居民服务和其他服务业，公共管理和社会组织，制造业，住宿和餐饮业，租赁和商务服务业，教育业，科学研究、技术服务和地质勘查业及信息传输、计算机服务和软件业12个行业的这一指标均超过1。尤其是金融业，农、林、牧、渔业，建筑业及批发和零售业都超过10。而水利、环境和公共设施管理业的这一指标太低，只有0.09，仅相当于金融业的0.000 22（0.09/407.95），农、林、牧、渔业的0.005 4（0.09/16.70），建筑业的0.007 1（0.09/12.63），批发和零售业的0.009 0（0.09/10.05）。

因此，就劳动比较收益的高低而言，海南省有数据的17个行业可做如下排序：

金融业，房地产，制造业，交通运输、仓储和邮政业，建筑业，水利、环境和公共设施管理业，卫生、社会保障和社会福利业，文化、体育和娱乐业，教育业，公共管理和社会组织，科学研究、技术服务和地质勘查业，批发和零售业，信息传输、计算机服务和软件业，住宿和餐饮业，居民服务和其他服务业，农、林、牧、渔业，租赁和商务服务业。

就资金比较收益的高低而言，海南省有数据的 17 个行业可做如下排序：

金融业，农、林、牧、渔业，建筑业，批发和零售业，居民服务和其他服务业，公共管理和社会组织，制造业，住宿和餐饮业，租赁和商务服务业，教育业，科学研究、技术服务和地质勘查业，信息传输、计算机服务和软件业，卫生、社会保障和社会福利业，交通运输、仓储和邮政业，文化、体育和娱乐业，房地产业，水利、环境和公共设施管理业。

二、海南省三次产业及其行业的投资与就业的基本结论

（1）就劳动比较收益而言，金融业，房地产业，制造业，交通运输、仓储和邮政业，建筑业，水利、环境和公共设施管理业，卫生、社会保障和社会福利业，文化、体育和娱乐业，教育业，公共管理和社会组织及科学研究、技术服务和地质勘查业 11 个行业的劳动比较收益均超过 1，是就业相对理想的行业；其余 6 个行业则是就业过剩行业，应适当减少劳动力进入，其过剩的劳动力要设法转移到前面 11 个行业中。

换言之，无论是东部地区还是全国各地，以至于全球到海南省的就业者，其就业的产业为第二产业与第三产业，行业排序为：

金融业，房地产业，制造业，交通运输、仓储和邮政业，建筑业，水利、环境和公共设施管理业，卫生、社会保障和社会福利业，文化、体育和娱乐业，教育业，公共管理和社会组织，科学研究、技术服务和地质勘查业。

尽量不要去第一产业和除上述行业之外的其他行业，因为那里的劳动

力已经趋于饱和了。

以上即为海南省三次产业及其行业的就业去向。

（2）就资金比较收益而言，金融业，农、林、牧、渔业，建筑业，批发和零售业，居民服务和其他服务业，公共管理和社会组织，制造业，住宿和餐饮业，租赁和商务服务业，教育业，科学研究、技术服务和地质勘查业及信息传输、计算机服务和软件业 12 个行业的这一指标均超过 1，是投资相对理想的行业；而水利、环境和公共设施管理业，房地产业，文化、体育和娱乐业，交通运输、仓储和邮政业及卫生、社会保障和社会福利业 5 个行业则是投资过剩的行业，应适当减少资金的进入，其过剩的资金要设法转移到前面 12 个行业中。

换言之，无论是东部地区还是全国各地，以至于全球到海南省的投资者，其投资的行业排序为：

金融业，农、林、牧、渔业，建筑业，批发和零售业，居民服务和其他服务业，公共管理和社会组织，制造业，住宿和餐饮业，租赁和商务服务业，教育业，科学研究、技术服务和地质勘查业，信息传输、计算机服务和软件业。

尽量不要去水利、环境和公共设施管理业，房地产业，文化、体育和娱乐业，交通运输、仓储和邮政业，卫生、社会保障和社会福利业 5 个行业，因为那里的投资已经严重过剩了。

以上即为海南省三次产业及其行业的投资去向。

（3）综合上述两项指标考虑，海南省的产业与行业投资与就业效益均好的行业是金融业，制造业，建筑业，教育业，公共管理和社会组织，科学研究、技术服务和地质勘查业，因为其劳动与资金的比较收益都超过 1。

第十一节　江苏省产业与行业的投资与就业指南

一、江苏省三次产业与行业的投资与就业结构现状

将江苏省三次产业与行业的产值、投资和就业状况（见表 3－39、表 3－40）及其相应的比较收益计算出来并进行比较，即可得出江苏省三次产业与行业的投资与就业结构现状及其相应的比较收益。计算方法同上，其结果见表 3－41、表 3－42。

表 3－39　江苏省三次产业的生产总值、固定资产投资总额和就业状况（2017 年）

产业（i）	产业生产总值/亿元	固定资产投资总额/亿元	就业/万人
总计	87 988.1	53 000.2	4 757.8
第一产业	3 938.2	343.4	799.3
第二产业	40 066.4	26 412.4	2 041.1
第三产业	43 983.5	26 244.4	1 917.4

表 3－40　江苏省各行业的生产总值、固定资产投资总额和就业状况（2017 年）

行业（i）	行业生产总值/亿元	固定资产投资总额/亿元	就业/万人
农、林、牧、渔业	3 938.2	343.4	799.3
采矿业	294.4	108.8	15.4
制造业	34 170.6	24 418.1	1 140.3
电力、燃气及水的生产和供应业	858.5	1 674.4	31.0
建筑业	4 651.8	231.6	854.4
交通运输、仓储和邮政业	2 801.3	2 883.2	181.9
信息传输、计算机服务和软件业	2 692.5	611.2	105.5
批发和零售业	10 105.8	1 649.5	203.6
住宿和餐饮业	1 712.9	418.8	62.6
金融业	6 130.0	121.7	152.5
房地产业	5 589.0	10 810.9	87.1

续表

行业（i）	行业生产总值/亿元	固定资产投资总额/亿元	就业/万人
租赁和商务服务业	3 477.9	1 595.9	114.3
科学研究、技术服务和地质勘查业	1 386.8	768.5	83.3
水利、环境和公共设施管理业	581.0	4 692.8	56.2
居民服务和其他服务业	1 701.3	307.1	13.1
教育业	2 222.2	677.4	355.2
卫生、社会保障和社会福利业	1 390.9	534.4	193.6
文化、体育和娱乐业	836.8	546.8	30.2
公共管理和社会组织	2 723.9	477.5	278.1

资料来源：《江苏统计年鉴2018》。

表3-41　江苏省三次产业及其相应的GBC测度（2017年）

产业（i）	需求结构/%	就业结构/%	劳动比较收益	投资结构/%	资金比较收益
总计	100.00	100.00	—	100.00	—
第一产业	4.48	16.80	0.27	0.65	6.91
第二产业	45.54	42.90	1.06	49.83	0.91
第三产业	49.99	40.30	1.24	49.52	1.01

表3-42　江苏省各行业结构及其相应的GBC测度（2017年）

行业（i）	需求结构/%	就业结构/%	劳动比较收益	投资结构/%	资金比较收益
农、林、牧、渔业	4.48	16.80	0.27	0.65	6.91
采矿业	0.33	0.32	1.03	0.21	1.63
制造业	38.84	23.97	1.62	46.07	0.84
电力、燃气及水的生产和供应业	0.98	0.65	1.50	3.16	0.31
建筑业	5.29	17.96	0.29	0.44	12.10
交通运输、仓储和邮政业	3.18	3.82	0.83	5.44	0.59
信息传输、计算机服务和软件业	3.06	2.22	1.38	1.15	2.65
批发和零售业	11.49	4.28	2.68	3.11	3.69
住宿和餐饮业	1.95	1.32	1.48	0.79	2.46

续表

行业（i）	需求结构/%	就业结构/%	劳动比较收益	投资结构/%	资金比较收益
金融业	6.97	3.21	2.17	0.23	30.34
房地产业	6.35	1.83	3.47	20.40	0.31
租赁和商务服务业	3.95	2.40	1.65	3.01	1.31
科学研究、技术服务和地质勘查业	1.58	1.75	0.90	1.45	1.09
水利、环境和公共设施管理业	0.66	1.18	0.56	8.85	0.07
居民服务和其他服务业	1.93	0.28	7.02	0.58	3.34
教育业	2.53	7.47	0.34	1.28	1.98
卫生、社会保障和社会福利业	1.58	4.07	0.39	1.01	1.57
文化、体育和娱乐业	0.95	0.63	1.50	1.03	0.92
公共管理和社会组织	3.10	5.85	0.53	0.90	3.44

表3-41、表3-42显示如下。

（1）就三次产业而言，江苏省三次产业的相关数据中，只有一个（即第三产业的资金比较收益为1.01）基本均衡，其余5个即83%均处于极不均衡状态。尤其第一产业的劳动比较收益和资金比较收益分别处于两个极端，劳动比较收益为0.27，处于最低，而资金比较收益为6.91，处于最高。表明第一产业劳动力严重过剩，而资金投入又严重短缺。

（2）就行业情况而言，江苏省21个行业的相关数据原本应该有42个，但因缺乏若干原始数据，目前只有38个，只有一个数据（采矿业的劳动比较收益为1.03）基本均衡，其他即97%均处于极不均衡状态。其中，居民服务和其他服务业，房地产业，批发和零售业，金融业，租赁和商务服务业，制造业，电力、燃气及水的生产和供应业，文化、体育和娱乐业，住宿和餐饮业，信息传输、计算机服务和软件业及采矿业11个行业的劳动比较收益都超过1，尤其居民服务和其他服务业的劳动比较收益为7.02，是这一指标最低行业——农、林、牧、渔业的劳动比较收益的26倍（7.02/0.27）。而金融业，建筑业，农、林、牧、渔业，批发和零售业，公共管理和社会组织，居民服务和其他服务业，信息传输、计算机服务和软件业，住宿和餐饮业，教育业，采矿业，卫生、社会保障和社会福利业，租赁和商务服务业及科学研究、技术服务和地质勘查业13个行业的资金比较收益都超过1，尤其金融业的资金比较收益高达30.34，是这一指标最低行业——水利、环境和公共设施管理业的433倍（30.34/0.07），是房地产业和电力、燃气及水的生产和供应业这一指标的98倍（30.34/0.31），是交通运输、仓储和邮政业这一指标的51倍（30.34/0.59）。

因此，就劳动比较收益的高低而言，江苏省有数据的19个行业可做如下排序：

居民服务和其他服务业，房地产业，批发和零售业，金融业，租赁和商务服务业，制造业，电力、燃气及水的生产和供应业，文化、体育和娱乐业，住宿和餐饮业，信息传输、计算机服务和软件业，采矿业，科学研究，技术服务和地质勘查业，交通运输、仓储和邮政业，水利、环境和公共设施管理业，公共管理和社会组织，卫生、社会保障和社会福利业，教育业，建筑业，农、林、牧、渔业。

就资金比较收益的高低而言，江苏省有数据的19个行业可做如下排序：

金融业，建筑业，农、林、牧、渔业，批发和零售业，公共管理和社会组织，居民服务和其他服务业，信息传输、计算机服务和软件业，住宿和餐饮业，教育业，采矿业，卫生、社会保障和社会福利业，租赁和商务服务业，科学研究、技术服务和地质勘查业，文化、体育和娱乐业，制造业，交通运输、仓储和邮政业，房地产业，电力、燃气及水的生产和供应业，水利、环境和公共设施管理业。

二、江苏省三次产业及其行业的投资与就业的基本结论

（1）就劳动比较收益而言，居民服务和其他服务业，房地产业，批发和零售业，金融业，租赁和商务服务业，制造业，电力、燃气及水的生产和供应业，文化、体育和娱乐业，住宿和餐饮业，信息传输、计算机服务和软件业及采矿业 11 个行业的劳动比较收益都超过 1，是就业相对理想的行业；其余 8 个行业则是就业过剩行业，应适当减少劳动力进入，尤其农、林、牧、渔业，建筑业，教育业，卫生、公共管理和社会组织，水利、环境和公共设施管理业，交通运输、仓储和邮政业及科学研究、技术服务和地质勘查业，其过剩的劳动力要设法转移到前面 11 个行业中。

换言之，无论是东部地区还是全国各地，以至于全球到江苏省的就业者，其就业的产业为第二产业与第三产业，行业排序为：

居民服务和其他服务业，房地产业，批发和零售业，金融业，租赁和商务服务业，制造业，电力、燃气及水的生产和供应业，文化、体育和娱乐业，住宿和餐饮业，信息传输、计算机服务和软件业，采矿业。

尽量不要去第一产业和除上述行业之外的其他行业，因为那里的劳动力已经趋于饱和了。

以上即为江苏省三次产业及其行业的就业去向。

（2）就资金比较收益而言，建筑业，金融业，农、林、牧、渔业，批发和零售业，公共管理和社会组织，教育业，卫生、社会保障和社会福利业，居民服务和其他服务业，信息传输、计算机服务和软件业，采矿业，住宿和餐饮业，租赁和商务服务业及科学研究、技术服务和地质勘查业 13 个行业的这一指标均超过 1，是投资相对理想的行业；而水利、环境和公共设施管理业，房地产业，文化、体育和娱乐业，电力、燃气及水的生产和供应业，制造业及交通运输、仓储和邮政业 6 个行业

则是投资过剩的行业，应适当减少资金的进入，其过剩资金要设法转移到前面13个行业中。

换言之，无论是东部地区还是全国各地，以至于全球到江苏省的投资者，其投资的行业排序为：

建筑业，金融业，农、林、牧、渔业，批发和零售业，公共管理和社会组织，教育业，卫生、社会保障和社会福利业，居民服务和其他服务业，信息传输、计算机服务和软件业，采矿业，住宿和餐饮业，租赁和商务服务业，科学研究、技术服务和地质勘查业。

尽量不要去水利、环境和公共设施管理业，电力、燃气及水的生产和供应业，房地产业，交通运输、仓储和邮政业，制造业及文化、体育和娱乐业6个行业，因为那里的投资已经严重过剩了。

以上即为江苏省三次产业及其行业的投资去向。

（3）综合上述两项指标考虑，江苏省的产业与行业投资与就业效益均好的行业是居民服务和其他服务业，批发和零售业，金融业，租赁和商务服务业，住宿和餐饮业，信息传输、计算机服务和软件业及采矿业，因为其劳动与资金的比较收益都超过1，其他行业都至少有一项远离1。

第十二节　辽宁省产业与行业的投资与就业指南

一、辽宁省三次产业与行业的投资与就业结构现状

将辽宁省三次产业与行业的产值、投资和就业状况（见表3－43、表3－44）及其相应的比较收益计算出来并进行比较，即可得出辽宁省三次产业与行业的投资与就业结构现状及其相应的比较收益。计算方法同上，其结果见表3－45、表3－46。

表3－43　辽宁省三次产业的生产总值、固定资产投资总额和就业状况（2017年）

产业（i）	产业生产总值/亿元	固定资产投资总额/亿元	就业/万人
总计	23 409.2	6 676.7	2 284.7
第一产业	1 902.3	218.9	714.8
第二产业	9 199.8	2 242.0	560.1
第三产业	12 307.1	4 215.8	1 009.8

表3－44　辽宁省各行业的生产总值、固定资产投资总额和就业状况（2017年）

行业（i）	行业生产总值/亿元	固定资产投资总额/亿元	就业/万人
农、林、牧、渔业	1 902.3	218.9	714.8
采矿业	—	145.3	64.5
制造业	7 302.4	1 529.2	320.8
电力、燃气及水的生产和供应业	—	543.6	38.0
建筑业	1 999.3	26.4	136.8
交通运输、仓储和邮政业	1 310.0	602.0	122.8
信息传输、计算机服务和软件业	—	56.0	44.6
批发和零售业	3 002.1	113.4	70.6
住宿和餐饮业	476.9	72.9	20.1
金融业	1 964.6	12.9	97.8
房地产业	1 132.2	2 421.8	35.8
租赁和商务服务业	—	95.1	39.7
科学研究、技术服务和地质勘查业	—	30.2	41.7
水利、环境和公共设施管理业	—	449.5	45.7
居民服务和其他服务业	—	29.8	7.9
教育业	—	79.9	173.8
卫生、社会保障和社会福利业	—	91.7	105.9
文化、体育和娱乐业	—	96.0	16.1
公共管理和社会组织	—	50.0	187.4

资料来源：《辽宁统计年鉴2018》。其中信息传输、计算机服务和软件业以及租赁和商务服务业等细分行业的生产总值并未给出，均包含于其他服务业中。

表3-45　辽宁省三次产业及其相应的GBC测度（2017年）

产业（i）	需求结构/%	就业结构/%	劳动比较收益	投资结构/%	资金比较收益
总计	100.00	100.00	—	100.00	—
第一产业	8.13	31.29	0.26	3.28	2.48
第二产业	39.30	24.52	1.60	33.58	1.17
第三产业	52.57	44.20	1.19	63.14	0.83

表3-46　辽宁省各行业结构及其相应的GBC测度（2017年）

行业（i）	需求结构/%	就业结构/%	劳动比较收益	投资结构/%	资金比较收益
农、林、牧、渔业	8.13	31.29	0.26	3.28	2.48
采矿业	—	2.82	—	2.18	—
制造业	31.19	14.04	2.22	22.90	1.36
电力、燃气及水的生产和供应业	—	1.66	—	8.14	—
建筑业	8.54	5.99	1.43	0.40	21.60
交通运输、仓储和邮政业	5.60	5.37	1.04	9.02	0.62
信息传输、计算机服务和软件业	—	1.95	—	0.84	—
批发和零售业	12.82	3.09	4.15	1.70	7.55
住宿和餐饮业	2.04	0.88	2.32	1.09	1.87
金融业	8.39	4.28	1.96	0.19	43.44
房地产业	4.84	1.57	3.09	36.27	0.13
租赁和商务服务业	—	1.74	—	1.42	—
科学研究、技术服务和地质勘查业	—	1.83	—	0.45	—
水利、环境和公共设施管理业	—	2.00	—	6.73	—
居民服务和其他服务业	—	0.35	—	0.45	—
教育业	—	7.61	—	1.20	—
卫生、社会保障和社会福利业	—	4.64	—	1.37	—
文化、体育和娱乐业	—	0.70	—	1.44	—
公共管理和社会组织	—	8.20	—	0.75	—

表3-45、表3-46显示如下。

（1）就三次产业而言，辽宁省的三次产业6个相关数据中全都处于极不均衡状态。其中，第二产业的劳动比较收益和资金比较收益都大于1，表明这个产业的劳动与资金都严重短缺；第一产业的劳动比较收益与第三产业的资金比较收益都小于1，表明第一产业的劳动力与第三产业资金的投入都严重过剩；第一产业的资金比较收益与第三产业的劳动比较收益都大于1，表明第一产业的资金投入与第三产业劳动力的投入都严重短缺。

（2）就行业情况而言，辽宁省21个行业的相关数据原本应该有42个，但因缺乏若干原始数据，此处只有16个，这16个数据中只有一个基本均衡（交通运输、仓储和邮政业的劳动比较收益为1.04），其余15个均处于极不均衡状态。其中，批发和零售业，房地产业，住宿和餐饮业，制造业，金融业，建筑业及交通运输、仓储和邮政业7个行业的劳动比较收益都超过1，而金融业，建筑业，批发和零售业，农、林、牧、渔业，住宿和餐饮业，及制造业6个行业的资金比较收益均超过1，尤其金融业的资金比较收益为43.44，是这一指标最低行业——房地产业的334倍（43.44/0.13）。

因此，就劳动比较收益的高低而言，辽宁省8个有数据的行业可做如下排序：

批发和零售业，房地产业，住宿和餐饮业，制造业，金融业，建筑业，交通运输、仓储和邮政业，农、林、牧、渔业。

就资金比较收益的高低而言，辽宁省8个有数据的行业可做如下排序：

金融业，建筑业，批发和零售业，农、林、牧、渔业，住宿和餐饮业，制造业，交通运输、仓储和邮政业，房地产业。

二、辽宁省三次产业及其行业的投资与就业的基本结论

（1）就劳动比较收益而言，第一产业的过剩劳动力尽量向第二、第三产业转移；由于批发和零售业，房地产业，住宿和餐饮业，制造业，金融业，建筑业及交通运输、仓储和邮政业7个行业的劳动比较收益均大于1，

是就业相对理想的行业；农、林、牧、渔业相对过剩的劳动力应该向上述7个行业转移。

以上即为辽宁省三次产业及其行业的就业去向。

（2）就资金比较收益而言，金融业，建筑业，批发和零售业，农、林、牧、渔业，住宿和餐饮业及制造业6个行业的资金比较收益都超过1，是投资相对理想的行业；而房地产业和交通运输、仓储和邮政业是投资严重过剩的行业，应尽量减少资金的进入，其过剩资金要设法转移到前面6个行业中。

换言之，辽宁省是东部地区就业与投资排名偏后省份，既不适宜就业，也不适宜投资。但就该省而言，也还存在就业与投资的选择问题。根据计算结果，辽宁省就业与投资的行业排序为：批发和零售业，住宿和餐饮业，制造业，金融业，建筑业，住宿和餐饮业。

以上即为辽宁省三次产业及其行业的投资去向。

第四章　中部地区——一般区域的地区及其产业的投资与就业指南

由第二章可知，按东、中、西部三大区域划分，中国中部地区是投资与就业的一般区域。中部地区虽是一般区域，但就本区域而言也存在投资与就业的优劣比较与排序。本章根据基础篇提供的理论依据、模型和方法，利用统计数据进行计算与分析，并给出该地区的投资与就业指南。

第一节　中部地区——一般区域的地区投资与就业指南

一、中国中部地区的地区经济结构现状

中国中部地区各省份2017年地区生产总值、固定资本形成总额与就业状况，见表4－1。

表4－1　中国中部地区各省份地区生产总值、固定资本形成总额和就业状况（2017年）

地区	省份（i）	生产总值/亿元	固定资本形成总额/亿元	就业/万人
中部地区	山西	15 528.4	5 722.2	1 914.1
	内蒙古	16 103.2	14 027.9	1 424.9
	吉林	14 944.5	13 283.9	1 488.5
	黑龙江	15 902.7	11 292	2 011.1

续表

地区	省份（i）	生产总值/亿元	固定资本形成总额/亿元	就业/万人
中部地区	安徽	27 018	29 186	4 377.9
	江西	20 006.3	22 085.3	2 645.6
	河南	44 552.8	44 496.9	6 767
	湖北	35 478.1	31 872.6	3 610
	湖南	33 903	31 328.1	3 817.2
	广西	20 396.3	17 224.8	2 842
	合　计	243 833.3	220 519.7	30 898.3

资料来源：中国经济与社会发展统计数据库、各省份2018年统计年鉴。

根据表4-1提供的数据，应用基础篇中相关计算公式得出相应数据，见表4-2。

表4-2　中国中部地区各省份经济结构与GBC测度（2017年）

地区	省份（i）	需求结构 $D_i(t)$ /%	就业结构 $S_i^1(t)$ /%	劳动比较收益GBC $G_i^1(t)$	投资结构 $S_i^2(t)$ /%	资金比较收益GBC $G_i^2(t)$
中部地区	山西	6.37	6.19	1.03	2.59	2.45
	内蒙古	6.60	4.61	1.43	6.36	1.04
	吉林	6.13	4.82	1.27	6.02	1.02
	黑龙江	6.52	6.51	1.00	5.12	1.27
	安徽	11.08	14.17	0.78	13.24	0.84
	江西	8.20	8.56	0.96	10.02	0.82
	河南	18.27	21.90	0.83	20.18	0.91
	湖北	14.55	11.68	1.25	14.45	1.01
	湖南	13.90	12.35	1.13	14.21	0.98
	广西	8.36	9.20	0.91	7.81	1.07
	合　计	100.00	100.00	—	100.00	—

表4-2显示，该区域的地区经济结构（无论是劳动的供求还是资金的供求）都严重失衡。

事实上，从表4-2的劳动比较收益和资金比较收益可知，该区域的

10个省份在20个相关数据中，只有7个数据（山西、黑龙江、江西的劳动比较收益与内蒙古、吉林、湖北、湖南的资金比较收益）基本均衡，分别为：1.03、1.00、0.96与1.04、1.02、1.01、0.98，其他65%都处于失衡状态。其中，尤以安徽、江西、河南3个省份的供求失衡较严重。事实上，安徽的劳动比较收益最低，仅为0.78，江西的资金比较收益最低，仅为0.82。而内蒙古的劳动比较收益与山西的资金比较收益最高，分别为1.43和2.45。

因此，就劳动比较收益的高低而言，该区域的10个省份可做如下排序：

内蒙古、吉林、湖北、湖南、山西、黑龙江、江西、广西、河南、安徽。

而就资金比较收益的高低而言，该区域中10个省份可做如下排序：

山西、黑龙江、广西、内蒙古、吉林、湖北、湖南、河南、安徽、江西。

二、中国中部区域投资与就业的基本结论

（1）就劳动比较收益而言，前5个省份的劳动比较收益均超过1，是就业相对理想的地区；后5个省份则是劳动力过剩地区，应适当减少劳动力进入，尤其安徽、河南和广西3个省份，其过剩的劳动力要设法转移到前面5个省份。

换言之，无论是中部地区还是全国各地，以至于全球到中国中部地区的就业者，其就业的省份排序为：

内蒙古、吉林、湖北、湖南、山西。

尽量不要去后面3个省份，因为那里的劳动力已经趋于饱和了。

以上即为中部区域的就业去向。

（2）就资金比较收益而言，前6个省份的资金比较收益均超过1，是

投资相对理想的地区；后4个省份则是投资过剩地区，应适当减少资金的进入，尤其江西、安徽、河南、湖南4个省份，其过剩资金要设法转移到前面6个省份。

换言之，无论是中部地区还是全国各地，以至于全球到中国中部地区的投资者，其投资的省份排序为：

山西、黑龙江、广西、内蒙古、吉林、湖北。

尽量不要去后面4个省份，因为那里已经投资过剩了。

以上即为中部区域的投资去向。

（3）综合上述两项指标考虑，该地区投资与就业效益均好的省份是内蒙古、吉林、湖北、山西、黑龙江，因为其劳动与资金的比较收益都超过1。

下面将根据相关统计数据，分别就中部地区10个省份的投资与就业问题进行计算分析，并给出正确选择的参考意见。

（注：由于缺乏各省份内的地区相关数据资料，故对各省份的地区投资与就业状况就无从计算与知晓，我们只能讨论各省份产业和行业的投资与就业问题，下同。）

第二节　河南省产业与行业的投资与就业指南

一、河南省三次产业与行业的投资与就业结构现状

将河南省三次产业与行业的产值、投资和就业状况（见表4－3、表4－4）及其相应的比较收益计算出来并进行比较，即可得出河南省三次产业与行业的投资与就业结构现状及其相应的比较收益。计算方法同上，其结果见表4－5、表4－6。

表 4－3　河南省三次产业的生产总值、固定资产投资总额和就业状况（2017 年）

产业（i）	产业生产总值/亿元	固定资产投资总额/亿元	就业/万人
总计	44 552.8	44 496.9	6 767.0
第一产业	4 139.3	2 473.7	2 494.0
第二产业	21 105.5	19 195.5	2 104.0
第三产业	19 308.0	22 827.7	2 168.0

表 4－4　河南省各行业的生产总值、固定资产投资总额和就业状况（2017 年）

行业（i）	行业生产总值/亿元	固定资产投资总额/亿元	就业/万人
农、林、牧、渔业	4 139.3	2 473.7	2 494.0
采矿业	—	—	41.5
制造业	18 452.1	19 198.8	1 286.7
电力、燃气及水的生产和供应业	—	—	28.2
建筑业	2 694.1	28.4	748.1
交通运输、仓储和邮政业	2 162.9	2 507.4	268.7
信息传输、计算机服务和软件业	945.9	310.6	89.0
批发和零售业	3 263.1	1 264.7	621.9
住宿和餐饮业	1 314.7	434.4	255.2
金融业	2 509.2	45.1	30.8
房地产业	2 222.2	9 952.0	38.5
租赁和商务服务业	801.0	422.9	70.2
科学研究、技术服务和地质勘查业	493.8	295.2	30.1
水利、环境和公共设施管理业	209.1	5 008.5	14.7
居民服务和其他服务业	956.1	160.7	414.3
教育业	1 701.8	763.7	125.9
卫生、社会保障和社会福利业	780.7	594.6	62.0
文化、体育和娱乐业	367.3	657.4	31.0
公共管理和社会组织	1 368.4	187.2	115.7

资料来源：《河南统计年鉴 2018》。

表4-5　河南省三次产业及其相应的GBC测度（2017年）

产业（i）	需求结构/%	就业结构/%	劳动比较收益	投资结构/%	资金比较收益
总计	100.00	100.00	—	100.00	—
第一产业	9.29	36.86	0.25	5.56	1.67
第二产业	47.37	31.09	1.52	43.14	1.10
第三产业	43.34	32.04	1.35	51.30	0.84

表4-6　河南省各行业结构及其相应的GBC测度（2017年）

行业（i）	需求结构/%	就业结构/%	劳动比较收益	投资结构/%	资金比较收益
农、林、牧、渔业	9.29	36.86	0.25	5.56	1.67
采矿业	—	0.61	—	—	—
制造业	41.42	19.01	2.18	43.15	0.96
电力、燃气及水的生产和供应业	—	0.42	—	—	—
建筑业	6.05	11.06	0.55	0.06	94.74
交通运输、仓储和邮政业	4.85	3.97	1.22	5.63	0.86
信息传输、计算机服务和软件业	2.12	1.32	1.61	0.70	3.04
批发和零售业	7.32	9.19	0.80	2.84	2.58
住宿和餐饮业	2.95	3.77	0.78	0.98	3.02
金融业	5.63	0.46	12.37	0.10	55.57
房地产业	4.99	0.57	8.77	22.37	0.22
租赁和商务服务业	1.80	1.04	1.73	0.95	1.89
科学研究、技术服务和地质勘查业	1.11	0.44	2.49	0.66	1.67
水利、环境和公共设施管理业	0.47	0.22	2.16	11.26	0.04
居民服务和其他服务业	2.15	6.12	0.35	0.36	5.94
教育业	3.82	1.86	2.05	1.72	2.23
卫生、社会保障和社会福利业	1.75	0.92	1.91	1.34	1.31
文化、体育和娱乐业	0.82	0.46	1.80	1.48	0.56
公共管理和社会组织	3.07	1.71	1.80	0.42	7.30

表4-5、表4-6显示如下。

（1）就三次产业而言，河南省的三次产业6个相关数据全都处于极不均衡状态。尤其第一产业的劳动比较收益仅为0.25，相当于第二产业这一指标的0.16（0.25/1.52）。而在资金的比较收益方面，第一、第二产业较短缺，分别为1.67与1.10，第三产业却又过剩，为0.84。

（2）就行业情况而言，河南省的21个行业的相关数据原本应该有42个，但因缺乏若干原始数据，目前只有32个，故只能讨论已有数据的情况：全都处于极不均衡状态。其中，制造业，房地产业，信息传输、计算机服务和软件业，金融业，交通运输、仓储和邮政业，租赁和商务服务业，科学研究、技术服务和地质勘查业，水利、环境和公共设施管理业等12个行业的劳动比较收益都超过1，金融业的资金比较收益超过10，而水利、环境和公共设施管理业的这一指标太低，只有0.04，仅相当于金融业的0.000 7（0.04/55.57）。

因此，就劳动比较收益的高低而言，河南省有数据的17个行业可做如下排序：

金融业，房地产业，科学研究、技术服务和地质勘查业，水利、环境和公共设施管理业，教育业，卫生、社会保障和社会福利业，文化、体育和娱乐业，公共管理和社会组织，租赁和商务服务业，计算机服务和软件业，交通运输仓储和邮政业。

就资金比较收益的高低而言，河南省有数据的17个行业可做如下排序：

建筑业，金融业，公共管理和社会组织，居民服务和其他服务业，信息传输、计算机服务和软件业，住宿和餐饮业，租赁和商务服务业，批发和零售业，教育业，农、林、牧、渔业，科学研究、技术服务和地质勘查业，卫生、社会保障和社会福利业，制造业，交通运输、仓储和邮政业，文化、体育和娱乐业，房地产业，水利、环境和公共设施管理业。

二、河南省三次产业及其行业的投资与就业的基本结论

（1）就劳动比较收益而言，制造业，房地产业，信息传输、计算机服务和软件业，金融业及交通运输、仓储和邮政业 5 个行业的劳动比较收益均超过 1，是就业相对理想的行业；其余 12 个行业则是就业过剩行业，应适当减少劳动力进入，尤其农、林、牧、渔业，建筑业，居民服务和其他服务业等行业，其过剩的劳动力要设法往前面几个行业转移。

换言之，无论是中部地区还是全国各地，以至于全球到河南省的就业者，其就业的产业为第二产业、第三产业，行业排序为：

农、林、牧、渔业，居民服务和其他服务业，住宿和餐饮业，房地产业，信息传输、计算机服务和软件业，批发和零售业，金融业和交通运输、仓储和邮政业。

尽量不要去第一产业和除上述行业以外的其他行业，因为那里的劳动力已经趋于饱和了。

以上即为河南省三次产业及其行业的就业去向。

（2）就资金比较收益而言，建筑业，金融业，公共管理和社会组织，信息传输、计算机服务和软件业，农、林、牧、渔业，住宿和餐饮业，租赁和商务服务业，批发和零售业，教育业，科学研究、技术服务和地质勘查业，居民服务和其他服务业及卫生、社会保障和社会福利业 12 个行业的这一指标均超过 1，是投资相对理想的行业；而水利、环境和公共设施管理业，文化、体育和娱乐业，房地产业及交通运输、仓储和邮政业 4 个行业则是投资过剩的行业，应适当减少资金的进入，其过剩资金要设法转移到前面 12 个行业中。

换言之，无论是中部地区还是全国各地，以至于全球到河南省的投资者，其投资的行业排序为：

建筑业，金融业，公共管理和社会组织，居民服务和其他服务业，信

息传输、计算机服务和软件业，住宿和餐饮业，租赁和商务服务业，批发和零售业，教育业，农、林、牧、渔业，科学研究、技术服务和地质勘查业，卫生、社会保障和社会福利业。

尽量不要去水利、环境和公共设施管理业，文化、体育和娱乐业，房地产业及交通运输、仓储和邮政业 4 个行业，因为那里的投资已经严重过剩了。

以上即为河南省三次产业及其行业的投资去向。

（3）综合上述两项指标考虑，河南省的产业与行业投资与就业效益均好的行业是金融业，信息传输、计算机服务和软件业，卫生、批发和零售业，教育业，租赁和商务服务业，科学研究、技术服务和地质勘查业，公共管理和社会组织 7 大行业，因为其劳动与资金的比较收益都超过 1。最差的是水利、环境和公共设施管理业及文化、体育和娱乐业。

第三节　山西省产业与行业的投资与就业指南

一、山西省三次产业与行业的投资与就业结构现状

将山西省三次产业与行业的产值、投资和就业状况（见表 4 -7、表 4 -8）及其相应的比较收益计算出来并进行比较，即可得出山西省三次产业与行业的投资与就业结构现状及其相应的比较收益。计算方法同上，其结果见表 4 -9、表 4 -10。

表 4 -7　山西省三次产业的生产总值、固定资产投资总额和就业状况（2017 年）

产业（i）	产业生产总值/亿元	固定资产投资总额/亿元	就业/万人
总计	15 528.4	5 722.2	1 914.1
第一产业	719.2	509.1	670.7
第二产业	6 778.9	2 104.6	483.8
第三产业	8 030.3	3 108.5	759.6

表4-8 山西省各行业的生产总值、固定资产投资总额和就业状况（2017年）

行业（i）	行业生产总值/亿元	固定资产投资总额/亿元	就业/万人
农、林、牧、渔业	719.2	536.3	670.7
采矿业	—	470.0	133.1
制造业	5 759.1	884.7	200.6
电力、燃气及水的生产和供应业	—	757.5	14.1
建筑业	1 019.8	8.7	136.0
交通运输、仓储和邮政业	1 052.1	393.8	104.9
信息传输、计算机服务和软件业	623.0	28.0	26.8
批发和零售业	1 078.5	97.5	235.7
住宿和餐饮业	401.8	25.2	85.9
金融业	1 320.1	1.5	20.9
房地产业	798.7	1421.1	8.7
租赁和商务服务业	296.7	53.3	20.2
科学研究、技术服务和地质勘查业	148.0	31.5	10.2
水利、环境和公共设施管理业	71.2	738.6	11.7
居民服务和其他服务业	391.7	8.2	33.9
教育业	553.0	74.7	51.7
卫生、社会保障和社会福利业	241.2	69.5	22.8
文化、体育和娱乐业	179.0	61.4	8.2
公共管理和社会组织	818.3	60.6	59.3

资料来源：《山西统计年鉴2018》。

表4-9 山西省三次产业及其相应的GBC测度（2017年）

产业（i）	需求结构/%	就业结构/%	劳动比较收益	投资结构/%	资金比较收益
总计	100.00	100.00	—	100.00	—
第一产业	4.63	35.04	0.13	8.90	0.52
第二产业	43.65	25.28	1.73	36.78	1.19
第三产业	51.71	39.68	1.30	54.32	0.95

表 4－10　山西省各行业结构及其相应的 GBC 测度（2017 年）

行业（i）	需求结构/%	就业结构/%	劳动比较收益	投资结构/%	资金比较收益
农、林、牧、渔业	4.63	35.04	0.13	9.37	0.49
采矿业	0.00	6.95	0.00	8.21	0.00
制造业	37.09	10.48	3.54	15.46	2.40
电力、燃气及水的生产和供应业	0.00	0.74	0.00	13.24	0.00
建筑业	6.57	7.11	0.92	0.15	43.19
交通运输、仓储和邮政业	6.78	5.48	1.24	6.88	0.98
信息传输、计算机服务和软件业	4.01	1.40	2.87	0.49	8.20
批发和零售业	6.95	12.31	0.56	1.70	4.08
住宿和餐饮业	2.59	4.49	0.58	0.44	5.88
金融业	8.50	1.09	7.79	0.03	324.30
房地产业	5.14	0.45	11.32	24.83	0.21
租赁和商务服务业	1.91	1.06	1.81	0.93	2.05
科学研究、技术服务和地质勘查业	0.95	0.53	1.79	0.55	1.73
水利、环境和公共设施管理业	0.46	0.61	0.75	12.91	0.04
居民服务和其他服务业	2.52	1.77	1.42	0.14	17.60
教育业	3.56	2.70	1.32	1.31	2.73
卫生、社会保障和社会福利业	1.55	1.19	1.30	1.21	1.28
文化、体育和娱乐业	1.15	0.43	2.69	1.07	1.07
公共管理和社会组织	5.27	3.10	1.70	1.06	4.98

表 4－9、表 4－10 显示如下。

（1）就三次产业而言，山西省的三次产业 6 个相关数据中，只有第三产业的资金比较收益（0.95）处于基本均衡状态，其余都处于极不均衡状态。尤其第一产业的劳动比较收益仅为 0.13，分别相当于第二、第三产业这一指标的 0.75（0.13/1.73）与 0.1（0.13/1.30），表明其劳动力严重过剩。而在资金比较收益方面，第一产业为 0.52，表明其资金也严重过剩。

（2）就行业情况而言，山西省 21 个行业的相关数据原本应该有 42 个，但因缺乏若干原始数据，目前只有 34 个，故只能讨论已有数据的情况：除交通运输、仓储和邮政业的资金比较收益（0.98）基本均衡外，其余97%均处于极不均衡状态。其中，房地产业，金融业，制造业，信息传输、计算机服务和软件业，文化、体育和娱乐业，租赁和商务服务业，科学研究、技术服务地质勘查业，公共管理和社会组织，居民服务和其他服务业，教育业，卫生、社会保障和社会福利业及交通运输、仓储和邮政业12个行业的劳动比较收益都超过1，尤其房地产业的劳动比较收益为11.32，是这一指标最低行业——农、林、牧、渔业的87倍（11.32/0.13）。而资金比较收益的不均衡更为突出，其中金融业，建筑业，居民服务和其他服务业，信息传输、计算机服务和软件业，住宿和餐饮业，公共管理和社会组织，批发和零售业，教育，制造业，租赁和商务服务业，科学研究、技术服务地质勘查业，卫生、社会保障和社会福利业，及文化、体育和娱乐业13个行业的这一指标均超过1。尤其是金融业、建筑业、居民服务和其他服务业3个行业的资金比较收益业都超过10。而水利、环境和公共设施管理业的这一指标太低，只有0.04，仅相当于金融业的0.000 1（0.04/324.30）、建筑业的0.000 9（0.04/43.19）、居民服务和其他服务业的0.002 2（0.04/17.60）。

因此，就劳动比较收益的高低而言，山西省有数据的17个行业可做如下排序：

房地产业，金融业，制造业，信息传输、计算机服务和软件业，文化、体育和娱乐业，租赁和商务服务业，科学研究、技术服务地质勘查业，公共管理和社会组织，居民服务和其他服务业，教育业，卫生、社会保障和社会福利业，交通运输、仓储和邮政业，建筑业，水利、环境和公共设施管理业，住宿和餐饮业，批发和零售业，农、林、牧、渔业。

就资金比较收益的高低而言，山西省有数据的17个行业可做如下排序：

金融业，建筑业，居民服务和其他服务业，信息传输、计算机服务和软件业，住宿和餐饮业，公共管理和社会组织，批发和零售业，教育业，制造业，租赁和商务服务业，科学研究、技术服务地质勘查业，卫生、社会保障和社会福利业，文化、体育和娱乐业，交通运输、仓储和邮政业，农、林、牧、渔业，房地产业，水利、环境和公共设施管理业。

二、山西省三次产业及其行业的投资与就业的基本结论

（1）就劳动比较收益而言，房地产业，金融业，制造业，信息传输、计算机服务和软件业，文化、体育和娱乐业，租赁和商务服务业，科学研究、技术服务地质勘查业，公共管理和社会组织，居民服务和其他服务业，教育业，卫生、社会保障和社会福利业及交通运输、仓储和邮政业 12 个行业的劳动比较收益均超过 1，是就业相对理想的行业；而农、林、牧、渔业，批发和零售业，住宿和餐饮业，水利、环境和公共设施管理业及建筑业 5 个行业是就业过剩行业，应适当减少劳动力进入，其过剩的劳动力要设法转移到前面 12 个行业中。

换言之，无论是中部地区还是全国各地，以至于全球到山西省的就业者，其就业的产业为第二、第三产业，行业排序为：

房地产业，金融业，制造业，信息传输、计算机服务和软件业，文化、体育和娱乐业，租赁和商务服务业，科学研究、技术服务地质勘查业，公共管理和社会组织，居民服务和其他服务业，教育业，卫生、社会保障和社会福利业，交通运输、仓储和邮政业。

尽量不要去第一产业和农、林、牧、渔业，批发和零售业，住宿和餐饮业，水利、环境和公共设施管理业，建筑业，因为那里的劳动力已经趋于饱和了。

以上即为山西省三次产业及其行业的就业去向。

（2）就资金比较收益而言，金融业，建筑业，居民服务和其他服务业，信息传输、计算机服务和软件业，住宿和餐饮业，公共管理和社会组织，批发和零售业，教育业，制造业，租赁和商务服务业，科学研究、技

术服务地质勘查业，卫生、社会保障和社会福利业及文化、体育和娱乐业13个行业的资金比较收益均超过1，是投资相对理想的行业；而水利、环境和公共设施管理业，房地产业及农、林、牧、渔业应适当减少资金的进入，其过剩资金要设法转移到前面13个行业中。

换言之，无论是中部地区还是全国各地，以至于全球到山西省的投资者，其投资的行业排序为：

金融业，制造业，信息传输、计算机服务和软件业，文化、体育和娱乐业，租赁和商务服务业，科学研究、技术服务地质勘查业，公共管理和社会组织，居民服务和其他服务业，教育业，卫生、社会保障和社会福利业，交通运输、仓储和邮政业。

尽量不要去水利、环境和公共设施管理业，房地产业及农、林、牧、渔业，因为那里的投资已经严重过剩了。

以上即为山西省三次产业及其行业的投资去向。

（3）综合上述两项指标考虑，山西省的产业与行业投资与就业效益均好的行业是金融业，制造业，信息传输、计算机服务和软件业，文化、体育和娱乐业，租赁和商务服务业，科学研究、技术服务地质勘查业，公共管理和社会组织，居民服务和其他服务业，教育业，卫生、社会保障和社会福利业及交通运输、仓储和邮政业，因为其劳动与资金的比较收益都超过1。最差的是水利、环境和公共设施管理业，房地产业及农、林、牧、渔业。

第四节　湖南省产业与行业的投资与就业指南

一、湖南省三次产业与行业的投资与就业结构现状

将湖南省三次产业与行业的产值、投资和就业状况（见表4－11、表4－12）及其相应的比较收益计算出来并进行比较，即可得出湖南省三次产业与行业的投资与就业结构现状及其相应的比较收益。计算方法同

上，其结果见表4－13、表4－14。

表4－11　湖南省三次产业的生产总值、固定资产投资总额和就业状况（2017年）

产业（i）	产业生产总值/亿元	固定资产投资总额/亿元	就业/万人
总计	33 903.0	31 328.1	3 817.2
第一产业	2 998.4	1 496.1	1 515.2
第二产业	14 145.5	11 394.0	871.2
第三产业	16 759.1	18 348.0	1 430.8

表4－12　湖南省各行业的生产总值、固定资产投资总额和就业状况（2017年）

行业（i）	行业生产总值/亿元	固定资产投资总额/亿元	就业/万人
农、林、牧、渔业	2 998.4	1 496.1	1 515.2
采矿业	—	437.0	34.3
制造业	11 879.9	9 469.9	496.1
电力、燃气及水的生产和供应业	—	1 131.1	39.7
建筑业	2 278.7	355.7	301.1
交通运输、仓储和邮政业	1 496.0	2104.4	176.5
信息传输、计算机服务和软件业	921.7	388.7	76.5
批发和零售业	2 666.7	1 320.3	373.3
住宿和餐饮业	705.4	353.3	174.2
金融业	1 610.3	60.9	52.1
房地产业	1 019.4	4 849.7	36.6
租赁和商务服务业	923.0	897.8	85.1
科学研究、技术服务和地质勘查业	420.7	434.4	26.7
水利、环境和公共设施管理业	189.4	5 421.3	16.5
居民服务和其他服务业	1 853.7	158.3	98.0
教育业	1 214.3	692.6	107.5
卫生、社会保障和社会福利业	726.3	483.9	74.2
文化、体育和娱乐业	925.8	650.2	45.8
公共管理和社会组织	1 906.6	622.6	88.1

资料来源：《湖南统计年鉴2018》。

表4－13　湖南省三次产业及其相应的GBC测度（2017年）

产业（i）	需求结构/%	就业结构/%	劳动比较收益	投资结构/%	资金比较收益
总计	100.00	100.00	—	100.00	—
第一产业	8.84	39.69	0.22	4.78	1.85
第二产业	41.72	22.82	1.83	36.37	1.15
第三产业	49.43	37.48	1.32	58.57	0.84

表4－14　湖南省各行业结构及其相应的GBC测度（2017年）

行业（i）	需求结构/%	就业结构/%	劳动比较收益	投资结构/%	资金比较收益
农、林、牧、渔业	8.84	39.69	0.22	4.78	1.85
采矿业	—	—	—	—	—
制造业	35.04	13.00	2.70	30.23	1.16
电力、燃气及水的生产和供应业	—	—	—	—	—
建筑业	6.72	7.89	0.85	1.14	5.92
交通运输、仓储和邮政业	4.41	4.62	0.95	6.72	0.66
信息传输、计算机服务和软件业	2.72	2.00	1.36	1.24	2.19
批发和零售业	7.87	9.78	0.80	4.21	1.87
住宿和餐饮业	2.08	4.56	0.46	1.13	1.84
金融业	4.75	1.36	3.48	0.19	24.43
房地产业	3.01	0.96	3.14	15.48	0.19
租赁和商务服务业	2.72	2.23	1.22	2.87	0.95
科学研究、技术服务和地质勘查业	1.24	0.70	1.77	1.39	0.89
水利、环境和公共设施管理业	0.56	0.43	1.29	17.30	0.03
居民服务和其他服务业	5.47	2.57	2.13	0.51	10.82
教育业	3.58	2.82	1.27	2.21	1.62
卫生、社会保障和社会福利业	2.14	1.94	1.10	1.54	1.39
文化、体育和娱乐业	2.73	1.20	2.28	2.08	1.32
公共管理和社会组织	5.62	2.31	2.44	1.99	2.83

表4－13、表4－14显示如下。

（1）就三次产业而言，湖南省的三次产业6个相关数据，全都处于不均衡状态。尤其第一产业的劳动比较收益只有0.22，分别相当于第二、第三产业这一指标的0.12（0.22/1.83）和0.17（0.22/1.32）；而在资金的比较收益方面，第一、第二产业短缺，分别为1.85与1.15，第三产业却又过剩，为0.84。

（2）就行业情况而言，湖南省21个行业的相关数据原本应该有42个，但因缺乏若干原始数据，目前只有34个，故只能讨论已有数据的情况：除交通运输、仓储和邮政业的就业状况和租赁和商务服务业的资金输入状况比较均衡外，其他行业都处于极不均衡状态。其中，金融业，房地产业，制造业，公共管理和社会组织，文化、体育和娱乐业，居民服务和其他服务业，科学研究、技术服务和地质勘查业，信息传输、计算机服务和软件业，水利、环境和公共设施管理业，教育业，租赁和商务服务业及卫生、社会保障和社会福利业12个行业的劳动比较收益都超过1，尤其金融业的劳动比较收益为3.48，是这一指标最低行业——农、林、牧、渔业的16倍（3.48/0.22）。而资金比较收益极不均衡，其中金融业，居民服务和其他服务业，建筑业，公共管理和社会组织，信息传输、计算机服务和软件业，批发和零售业，农、林、牧、渔业，住宿和餐饮业，教育，卫生、社会保障和社会福利业，文化、体育和娱乐业及制造业12个行业的这一指标均超过1。尤其是水利、环境和公共设施管理业的这一指标较低，只有0.03，仅相当于金融业的0.001 2（0.03/24.43）、居民服务和其他服务业的0.002 7（0.03/10.82）、建筑业的0.005 0（0.03/5.92）、公共管理和社会组织的0.010 6（0.03/2.83）。

因此，就劳动比较收益的高低而言，湖南省有数据的17个行业可做如下排序：

金融业，房地产业，制造业，公共管理和社会组织，文化、体育和娱乐业，居民服务和其他服务业，科学研究、技术服务和地质勘查业，信息传输、计算机服务和软件业，水利、环境和公共设施管理业，教育业，租赁和商务服务业，卫生、社会保障和社会福利业，交通运输、仓储和邮政业，建筑业，批发和零售业，住宿和餐饮业，农、林、牧、渔业。

就资金比较收益的高低而言，湖南省有数据的 17 个行业可做如下排序：

金融业，居民服务和其他服务业，建筑业，公共管理和社会组织，信息传输、计算机服务和软件业，批发和零售业，农、林、牧、渔业，住宿和餐饮业，教育业，卫生、社会保障和社会福利业，文化、体育和娱乐业，制造业，租赁和商务服务业，科学研究、技术服务和地质勘查业，交通运输、仓储和邮政业，房地产业，水利、环境和公共设施管理业。

二、湖南省三次产业及其行业的投资与就业的基本结论

（1）就劳动比较收益而言，金融业，房地产业，制造业，公共管理和社会组织，文化、体育和娱乐业，居民服务和其他服务业，科学研究、技术服务和地质勘查业，信息传输、计算机服务和软件业，水利、环境和公共设施管理业，教育业，租赁和商务服务业及卫生、社会保障和社会福利业 12 个行业的劳动比较收益均超过 1，是就业相对理想的行业；而农、林、牧、渔业，住宿和餐饮业，批发和零售业及建筑业 4 个行业则是就业过剩行业，应适当减少劳动力进入，其过剩的劳动力要设法转移到前面 12 个行业中。

换言之，无论是中部地区还是全国各地，以至于全球到湖南省的就业者，其就业的产业为第一产业与第二产业，行业排序为：

金融业，房地产业，制造业，公共管理和社会组织，文化、体育和娱乐业，居民服务和其他服务业，科学研究、技术服务和地质勘查业，信息传输、计算机服务和软件业，水利、环境和公共设施管理业，教育业，租赁和商务服务业，卫生、社会保障和社会福利业。

尽量不要去第一产业和除上述行业之外的其他行业，因为那里的劳动

力已经趋于饱和了。

以上即为湖南省三次产业及其行业的就业去向。

（2）就资金比较收益而言，金融业，居民服务和其他服务业，建筑业，公共管理和社会组织，信息传输、计算机服务和软件业，批发和零售业，农、林、牧、渔业，住宿和餐饮业，教育业，卫生、社会保障和社会福利业，文化、体育和娱乐业及制造业12个行业的资金比较收益均超过1，是投资相对理想的行业；而水利、环境和公共设施管理业，房地产业，交通运输、仓储和邮政业及科学研究、技术服务和地质勘查业4个行业则是投资过剩的行业，应适当减少资金的进入，其过剩的资金要设法转移到前面12个行业中。

换言之，无论是中部地区还是全国各地，以至于全球到湖南省的投资者，其投资的行业排序为：

金融业，居民服务和其他服务业，建筑业，公共管理和社会组织，信息传输、计算机服务和软件业，批发和零售业，农、林、牧、渔业，住宿和餐饮业，教育业，卫生、社会保障和社会福利业，文化、体育和娱乐业，制造业。

尽量不要去水利、环境和公共设施管理业，房地产业，交通运输、仓储和邮政业及科学研究、技术服务和地质勘查业4个行业，因为那里的资金投入已经过剩了。

以上即为湖南省三次产业及其行业的投资去向。

（3）综合上述两项指标考虑，湖南省的产业与行业投资与就业效益均好的行业是金融业，制造业，公共管理和社会组织，文化、体育和娱乐业，居民服务和其他服务业，信息传输、计算机服务和软件业，教育业，及卫生、社会保障和社会福利业，因为其劳动与资金的比较收益都超过1。最差的是水利、环境和公共设施管理业和房地产业。

第五节　内蒙古自治区产业与行业的投资与就业指南

一、内蒙古自治区三次产业与行业的投资与就业结构现状

将内蒙古三次产业与行业的产值、投资和就业状况（见表4－15、表4－16）及其相应的比较收益计算出来并进行比较，即可得出内蒙古三次产业与行业的投资与就业结构现状及其相应的比较收益。计算方法同上，其结果见表4－17、表4－18。

表4－15　内蒙古三次产业的生产总值、固定资产投资总额和就业状况（2017年）

产业（i）	产业生产总值/亿元	固定资产投资总额/亿元	就业/万人
总计	16 103.2	14 027.9	1 424.9
第一产业	1 649.8	891.1	589.4
第二产业	6 408.6	5 617.6	224.9
第三产业	8 047.4	7 519.2	610.7

表4－16　内蒙古各行业的生产总值、固定资产投资总额和就业状况（2017年）

行业（i）	行业生产总值/亿元	固定资产投资总额/亿元	就业/万人
农、林、牧、渔业	1 649.8	891.1	589.4
采矿业	—	924.2	40.0
制造业	5 109.0	3 234.7	102.7
电力、燃气及水的生产和供应业	—	1 236.2	38.7
建筑业	237.2	225.2	43.6
交通运输、仓储和邮政业	1 050.0	1 180.2	72.4
信息传输、计算机服务和软件业	346.0	192.3	16.8
批发和零售业	1 818.7	374.1	30.1
住宿和餐饮业	732.3	98.8	12.3
金融业	1 102.5	21.8	35.8
房地产业	458.7	889.7	19.4

续表

行业（*i*）	行业生产总值/亿元	固定资产投资总额/亿元	就业/万人
租赁和商务服务业	338.0	117.9	17.6
科学研究、技术服务和地质勘查业	152.9	125.7	20.7
水利、环境和公共设施管理业	104.6	2 818.1	28.3
居民服务和其他服务业	474.8	25.0	2.9
教育业	466.7	163.1	123.5
卫生、社会保障和社会福利业	305.8	122.5	56.4
文化、体育和娱乐业	136.8	231.2	12.9
公共管理和社会组织	539.2	325.2	161.8

资料来源：中国经济与社会发展统计数据库、2018年内蒙古自治区统计年鉴。

表4－17　内蒙古三次产业及其相应的GBC测度（2017年）

产业（*i*）	需求结构/%	就业结构/%	劳动比较收益	投资结构/%	资金比较收益
总计	100.00	100.00	—	100.00	—
第一产业	10.25	41.36	0.25	6.35	1.61
第二产业	39.80	15.78	2.52	40.05	0.99
第三产业	49.97	42.86	1.17	53.60	0.93

表4－18　内蒙古各行业结构及其相应的GBC测度（2017年）

行业（*i*）	需求结构/%	就业结构/%	劳动比较收益	投资结构/%	资金比较收益
农、林、牧、渔业	10.25	41.36	0.25	6.35	1.61
采矿业	0.00	2.81	0.00	6.59	0.00
制造业	31.73	7.21	4.40	23.06	1.38
电力、燃气及水的生产和供应业	0.00	2.72	0.00	8.81	0.00
建筑业	1.47	3.06	0.48	1.61	0.92
交通运输、仓储和邮政业	6.52	5.08	1.28	8.41	0.78
信息传输、计算机服务和软件业	2.15	1.18	1.82	1.37	1.57
批发和零售业	11.29	2.11	5.35	2.67	4.24
住宿和餐饮业	4.55	0.86	5.27	0.70	6.46

续表

行业（i）	需求结构/%	就业结构/%	劳动比较收益	投资结构/%	资金比较收益
金融业	6.85	2.51	2.73	0.16	44.06
房地产业	2.85	1.36	2.09	6.34	0.45
租赁和商务服务业	2.10	1.24	1.70	0.84	2.50
科学研究、技术服务和地质勘查业	0.95	1.45	0.65	0.90	1.06
水利、环境和公共设施管理业	0.65	1.99	0.33	20.09	0.03
居民服务和其他服务业	2.95	0.20	14.49	0.18	16.54
教育业	2.90	8.67	0.33	1.16	2.49
卫生、社会保障和社会福利业	1.90	3.96	0.48	0.87	2.17
文化、体育和娱乐业	0.85	0.91	0.94	1.65	0.52
公共管理和社会组织	3.35	11.36	0.29	2.32	1.44

表 4－17、表 4－18 显示如下。

（1）就三次产业而言，内蒙古的三次产业 6 个相关数据中，只有一个基本均衡（第二产业的资金比较收益为 0.99），其余 5 个均处于不均衡状态。尤其第一产业的劳动比较收益太低，只有 0.25，还不到第二产业这一指标的 1/10（2.52/0.25），表明第一产业劳动力太过剩，第二、第三产业劳动力又太缺乏；而在资金比较收益方面，第一产业为 1.61，表明其资金短缺。

（2）就行业情况而言，内蒙古 21 个行业的相关数据原本应该有 42 个，但因缺乏若干原始数据，目前只有 34 个，故只能讨论已有数据的情况：全都处于不均衡状态。其中，居民服务和其他服务业，批发和零售业，住宿和餐饮业，制造业，金融业，房地产业，信息传输、计算机服务和软件业，租赁和商务服务业及交通运输、仓储和邮政业 9 个行业的劳动比较收益都超过 1，尤其居民服务和其他服务业的劳动比较收益为 14.49，是这一指标最低行业——农、林、牧、渔业的 58 倍（14.49/0.25）。而资金比较收益极不均衡，其中金融业，居民服务和其他服务业，住宿和餐饮业，批发和零售业，租赁和商务服务业，教育业，卫生、社会保障和社会福利业，农、林、牧、渔业，信息传输、计算机服务和软件业、公共管理和社会组织，制造业及科学研究、技术服务和地质勘查业12个行业的这一指标均超过1。尤其是水利、环境和公共设施管理业的这一指标太低，只有0.03，仅相当于金融业的0.000 6（0.03/44.06）、居民服务和其他服务业的0.001 8（0.03/16.54）、住宿和餐饮业的0.004 6（0.03/6.46）、批发和零售业的0.007 0（0.03/4.24）。

因此，就劳动比较收益的高低而言，内蒙古有数据的17个行业可做如下排序：

居民服务和其他服务业，批发和零售业，住宿和餐饮业，制造业，金融业，房地产业，信息传输、计算机服务和软件业，租赁和商务服务业，交通运输、仓储和邮政业，文化、体育和娱乐业，科学研究、技术服务和地质勘查业，建筑业，卫生、社会保障和社会福利业，水利、环境和公共设施管理业，教育业，公共管理和社会组织，农、林、牧、渔业。

就资金比较收益的高低而言，内蒙古有数据的17个行业可做如下排序：

金融业，居民服务和其他服务业，住宿和餐饮业，批发和零售业，租赁和商务服务业，教育业，卫生、社会保障和社会福利业，农、林、牧、渔业，信息传输、计算机服务和软件业，公共管理和社会组织，制造业，科学研究、技术服务和地质勘查业，建筑业，交通运输、仓储和邮政业，文化、体育和娱乐业，房地产业，水利、环境和公共设施管理业。

二、内蒙古自治区三次产业及其行业的投资与就业的基本结论

（1）就劳动比较收益而言，居民服务和其他服务业，批发和零售业，住宿和餐饮业，制造业，金融业，房地产业，信息传输、计算机服务和软

件业，租赁和商务服务业，及交通运输、仓储和邮政业9个行业的劳动比较收益均超过1，是就业相对理想的行业；而农、林、牧、渔业，公共管理和社会组织，教育业，水利、环境和公共设施管理业，卫生、社会保障和社会福利业，建筑业，科学研究、技术服务和地质勘查业，及文化、体育和娱乐业8个行业则是就业过剩行业，应适当减少劳动力进入，其过剩的劳动力要设法转移到前面9个行业中。

换言之，无论是中部地区还是全国各地，以至于全球到内蒙古的就业者，其就业的产业为第二、第三产业，行业排序为：

居民服务和其他服务业，批发和零售业，住宿和餐饮业，制造业，金融业，房地产业，信息传输、计算机服务和软件业，租赁和商务服务业，交通运输、仓储和邮政业。

尽量不要去第一产业和除上述行业以外的其他行业，因为那里的劳动力已经趋于饱和了。

以上即为内蒙古自治区三次产业及其行业的就业去向。

（2）就资金比较收益而言，金融业，居民服务和其他服务业，住宿和餐饮业，批发和零售业，租赁和商务服务业，教育业，卫生、社会保障和社会福利业，农、林、牧、渔业，信息传输、计算机服务和软件业，公共管理和社会组织，制造业及科学研究、技术服务和地质勘查业12个行业的资金比较收益均超过1，是投资相对理想的行业；而水利、环境和公共设施管理业，房地产业，文化、体育和娱乐业，交通运输、仓储和邮政业及建筑业5个行业则是投资过剩的行业，应适当减少资金的进入，其过剩资金要设法转移到前面12个行业中。

换言之，无论是中部地区还是全国各地，以至于全球到内蒙古的投资者，其投资的行业排序为：

金融业，居民服务和其他服务业，住宿和餐饮业，批发和零售业，租赁和商务服务业，教育业，卫生、社会保障和社会福利业，农、林、牧、渔业，信息传输、计算机服务和软件业，公共管理和社会组织，制造业，科学研究、技术服务和地质勘查业。

尽量不要去水利、环境和公共设施管理业，房地产业，文化、体育和娱乐业，交通运输、仓储和邮政业及建筑业投资5个行业，因为那里的投资已经严重过剩了。

以上即为内蒙古自治区三次产业及其行业的投资去向。

（3）综合上述两项指标考虑，内蒙古自治区产业与行业投资与就业效益均好的行业是金融业，居民服务和其他服务业，住宿和餐饮业，批发和零售业，租赁和商务服务业，制造业及信息传输、计算机服务和软件业，因为其劳动与资金的比较收益都超过1。

第六节　黑龙江省产业与行业的投资与就业指南

一、黑龙江省三次产业与行业的投资与就业结构现状

将黑龙江省三次产业与行业的产值、投资和就业状况（见表4－19、表4－20）及其相应的比较收益计算出来并进行比较，即可得出黑龙江省三次产业与行业的投资与就业结构现状及其相应的比较收益。计算方法同上，其结果见表4－21、表4－22。

表4－19　黑龙江三次产业的生产总值、固定资产投资总额和就业状况（2017年）

产业（i）	产业生产总值/亿元	固定资产投资总额/亿元	就业/万人
总计	15 902.7	11 292.0	2 011.1
第一产业	2 965.3	1 262.9	747.9
第二产业	4 060.6	4 113.3	349.9
第三产业	8 876.8	5 703.5	913.3

表4-20 黑龙江各行业的生产总值、固定资产投资总额和就业状况（2017年）

行业（i）	行业生产总值/亿元	固定资产投资总额/亿元	就业/万人
农、林、牧、渔业	2 965.3	1 262.9	747.9
采矿业	—	389.3	79.3
制造业	3 332.6	3 133.3	141.7
电力、燃气及水的生产和供应业	—	437.3	52.2
建筑业	852.8	153.4	76.7
交通运输、仓储和邮政业	801.3	1 198.3	106.1
信息传输、计算机服务和软件业	—	252.6	32.0
批发和零售业	2 424.2	837.7	69.8
住宿和餐饮业	566.8	248.4	14.5
金融业	932.4	40.3	89.0
房地产业	656.4	1 025.2	24.6
租赁和商务服务业	—	290.3	31.3
科学研究、技术服务和地质勘查业	—	241.7	42.0
水利、环境和公共设施管理业	—	845.4	43.0
居民服务和其他服务业	—	133.3	15.4
教育业	—	159.3	164.2
卫生、社会保障和社会福利业	—	175.6	90.9
文化、体育和娱乐业	—	142.0	15.0
公共管理和社会组织	—	113.4	175.6

资料来源：《黑龙江统计年鉴2018》。其中信息传输、计算机服务和软件业以及租赁和商务服务业等细分行业的生产总值并未给出，均包含于其他服务业中。

表4-21 黑龙江三次产业及其相应的GBC测度（2017年）

产业（i）	需求结构/%	就业结构/%	劳动比较收益	投资结构/%	资金比较收益
总计	100.00	100.00	—	100.00	—
第一产业	18.65	37.19	0.50	11.18	1.67
第二产业	25.53	17.40	1.47	36.43	0.70
第三产业	55.82	45.41	1.23	50.51	1.11

表4－22　黑龙江各行业结构及其相应的GBC测度（2017年）

行业（i）	需求结构/%	就业结构/%	劳动比较收益	投资结构/%	资金比较收益
农、林、牧、渔业	18.65	37.19	0.50	11.18	1.67
采矿业	—	3.94	—	3.45	—
制造业	20.96	7.05	2.97	27.75	0.76
电力、燃气及水的生产和供应业	—	2.60	—	3.87	—
建筑业	5.36	3.81	1.41	1.36	3.95
交通运输、仓储和邮政业	5.04	5.28	0.96	10.61	0.47
信息传输、计算机服务和软件业	—	1.59	—	2.24	—
批发和零售业	15.24	3.47	4.39	7.42	2.05
住宿和餐饮业	3.56	0.72	4.94	2.20	1.62
金融业	5.86	4.43	1.32	0.36	16.43
房地产业	4.13	1.22	3.37	9.08	0.45
租赁和商务服务业	—	1.56	—	2.57	—
科学研究、技术服务和地质勘查业	—	2.09	—	2.14	—
水利、环境和公共设施管理业	—	2.14	—	7.49	—
居民服务和其他服务业	—	0.77	—	1.18	—
教育业	—	8.16	—	1.41	—
卫生、社会保障和社会福利业	—	4.52	—	1.56	—
文化、体育和娱乐业	—	0.75	—	1.26	—
公共管理和社会组织	—	8.73	—	1.00	—

表4－21、表4－22显示如下。

（1）就三大产业而言，黑龙江的三大产业6个相关数据全都处于不均衡状态。尤其第一产业的劳动比较收益太低，只有0.50，表明该产业劳动力过剩；而在资金比较收益方面，第一产业短缺，为1.67。

（2）就行业情况而言，黑龙江21个行业的相关数据原本应该有42个，但因缺乏若干原始数据，目前只有16个，故只能讨论已有数据的情况：只有一个行业即交通运输、仓储和邮政业基本均衡，其劳动比较收益为0.96，还有15个即94%均处于极不均衡状态。其中，住宿和餐饮业，批发和零售业，房地产业，制造业，建筑业及金融业 6 个行业的劳动比较收益都超过 1，尤其住宿和餐饮业的劳动比较收益为 4.94，是这一指标最低行业——农、林、牧、渔业的 10 倍（4.94/0.50）。而资金比较收益也极不均衡，其中金融业，建筑业，批发和零售业，农、林、牧、渔业，及住宿和餐饮业 5 个行业的这一指标均超过 1。房地产业的这一指标最低，只有 0.45，仅相当于金融业的 0.027 3（0.45/16.43），建筑业的 0.113 9（0.45/3.95），批发和零售业的 0.219 5（0.45/2.05），农、林、牧、渔业的 0.269 4（0.45/1.67）和住宿和餐饮业的 0.277 7（0.45/1.62）。

因此，就劳动比较收益的高低而言，黑龙江省有数据的 8 个行业可做如下排序：

住宿和餐饮业，批发和零售业，房地产业，制造业，建筑业，金融业，交通运输、仓储和邮政业，农、林、牧、渔业。

就资金比较收益的高低而言，黑龙江省有数据的 8 个行业可做如下排序：

金融业，建筑业，批发和零售业，农、林、牧、渔业，住宿和餐饮业，制造业，交通运输、仓储和邮政业，房地产业。

二、黑龙江三次产业及其行业的投资与就业的基本结论

（1）就劳动比较收益而言，住宿和餐饮业，批发和零售业，房地产业，制造业，建筑业及金融业 6 个行业的劳动比较收益均超过 1，是就业相对理想的行业；而农、林、牧、渔业则是就业过剩行业，应适当减少劳动力进入，其过剩的劳动力要设法转移到前面 6 个行业中。

换言之，无论是中部地区还是全国各地，以至于全球到黑龙江的就业者，其就业的产业为第二、第三产业，行业排序为：

住宿和餐饮业，批发和零售业，房地产业，制造业，建筑业，金融业。

尽量不要去第一产业和除上述行业以外的其他行业，因为那里的劳动力已经趋于饱和了。

以上即为黑龙江三次产业及其行业的就业去向。

（2）就资金比较收益而言，金融业，建筑业，批发和零售业，农、林、牧、渔业及住宿和餐饮业 5 个行业的资金比较收益均超过 1，是投资相对理想的行业；而房地产业，交通运输、仓储和邮政业及制造业 3 个行业则是投资过剩的行业，应适当减少资金的进入，其过剩资金要设法转移到前面 5 个行业中。

换言之，无论是中部地区还是全国各地，以至于全球到黑龙江的投资者，其投资的行业排序为：

金融业，建筑业，批发和零售业，农、林、牧、渔业，住宿和餐饮业。

尽量不要去房地产业，交通运输、仓储和邮政业及制造业投资 3 个行业，因为那里的投资已经严重过剩了。

以上即为黑龙江三次产业及其行业的投资去向。

（3）综合上述两项指标考虑，黑龙江的产业与行业投资与就业效益均好的行业是金融业、住宿和餐饮业、批发和零售业及建筑业，因为其劳动与资金的比较收益都超过 1。

第七节　吉林省产业与行业的投资与就业指南

一、吉林省三次产业与行业的投资与就业结构现状

将吉林省三次产业与行业的产值、投资和就业状况（见表 4 – 23、表 4 – 24）及其相应的比较收益计算出来并进行比较，即可得出吉林省三次产业与行业的投资与就业结构现状及其相应的比较收益。计算方法同上，其结果见表 4 – 25、表 4 – 26。

表4-23　吉林省三次产业的生产总值、固定资产投资总额和就业状况（2017年）

产业（i）	产业生产总值/亿元	固定资产投资总额/亿元	就业/万人
总计	14 944.5	13 283.9	1 488.5
第一产业	1 095.4	955.3	491.4
第二产业	6 998.5	6 351.4	314.8
第三产业	6 850.7	5 977.2	682.3

表4-24　吉林省各行业的生产总值、固定资产投资总额和就业状况（2017年）

行业（i）	行业生产总值/亿元	固定资产投资总额/亿元	就业/万人
农、林、牧、渔业	1 095.4	955.3	491.4
采矿业	—	319.7	32.5
制造业	6 057.3	5 254.1	188.1
电力、燃气及水的生产和供应业	—	544.7	31.5
建筑业	964.1	232.8	62.8
交通运输、仓储和邮政业	603.1	1 205.0	62.7
信息传输、计算机服务和软件业	—	396.0	24.3
批发和零售业	1 208.3	554.6	44.0
住宿和餐饮业	374.8	182.1	10.8
金融业	709.6	70.1	46.9
房地产业	525.6	910.1	26.6
租赁和商务服务业	—	293.2	26.2
科学研究、技术服务和地质勘查业	—	138.3	29.6
水利、环境和公共设施管理业	—	1 268.6	32.6
居民服务和其他服务业	—	108.9	10.1
教育业	—	168.1	139.2
卫生、社会保障和社会福利业	—	144.3	75.6
文化、体育和娱乐业	—	156.1	14.1
公共管理和社会组织	—	98.7	139.7

资料来源：《吉林统计年鉴2018》。其中信息传输、计算机服务和软件业以及租赁和商务服务业等细分行业的生产总值并未给出，均包含于其他服务业中。

表 4－25　吉林省三次产业及其相应的 GBC 测度（2017 年）

产业（i）	需求结构/%	就业结构/%	劳动比较收益	投资结构/%	资金比较收益
总计	100.00	100.00	—	100.00	—
第一产业	7.33	33.01	0.22	7.19	1.02
第二产业	46.83	21.15	2.21	47.81	0.98
第三产业	45.84	45.84	1.00	45.00	1.02

表 4－26　吉林省各行业结构及其相应的 GBC 测度（2017 年）

行业（i）	需求结构/%	就业结构/%	劳动比较收益	投资结构/%	资金比较收益
农、林、牧、渔业	7.33	33.01	0.22	7.19	1.02
采矿业	—	2.18	—	2.41	—
制造业	40.53	12.64	3.21	39.55	1.02
电力、燃气及水的生产和供应业	—	2.12	—	4.10	—
建筑业	6.45	4.22	1.53	1.75	3.68
交通运输、仓储和邮政业	4.04	4.21	0.96	9.07	0.44
信息传输、计算机服务和软件业	—	1.63	—	2.98	—
批发和零售业	8.09	2.96	2.74	4.17	1.94
住宿和餐饮业	2.51	0.73	3.46	1.37	1.83
金融业	4.75	3.15	1.51	0.53	9.00
房地产业	3.52	1.79	1.97	6.85	0.51
租赁和商务服务业	—	1.76	—	2.21	—
科学研究、技术服务和地质勘查业	—	1.99	—	1.04	—
水利、环境和公共设施管理业	—	2.19	—	9.55	—
居民服务和其他服务业	—	0.68	—	0.82	—
教育业	—	9.35	—	1.27	—
卫生、社会保障和社会福利业	—	5.08	—	1.09	—
文化、体育和娱乐业	—	0.95	—	1.18	—
公共管理和社会组织	—	9.39	—	0.74	—

表 4－25、表 4－26 显示如下。

（1）就三次产业而言，吉林省的三次产业 6 个相关数据中，除第一、第二产业的劳动比较收益与第二产业的资金比较收益极不均衡（分别为

0.22、2.21与0.98）外，其他4个相关数据项都基本均衡。

（2）就行业情况而言，吉林省21个行业的相关数据原本应该有42个，但因缺乏若干原始数据，目前只有16个，故只能讨论已有数据的情况：只有交通运输、仓储和邮政业的劳动比较收益（0.96），农、林、牧、渔业和制造业的资金比较收益（1.02）3个行业处于基本均衡外，其他13个行业项全都处于极不均衡状态。其中住宿和餐饮业、制造业、批发和零售业、房地产业、建筑业、金融业6个行业的劳动比较收益都超过1，尤其住宿和餐饮业的劳动比较收益为3.46，是这一指标最低行业——农、林、牧、渔业的16倍（3.46/0.22）。而资金比较收益极不均衡，其中金融业、建筑业、批发和零售业及住宿和餐饮业4个行业的这一指标均超过1。交通运输、仓储和邮政业和房地产业的这一指标太低，分别只有0.44和0.51，仅分别相当于金融业的0.048 8（0.44/9.00）和0.056 6（0.51/9.00）、建筑业的0.119 5（0.44/3.68）和0.138 5（0.51/3.68）。

因此，就劳动比较收益的高低而言，吉林省有数据的8个行业可做如下排序：

住宿和餐饮业，制造业，批发和零售业，房地产业，建筑业，金融业，交通运输、仓储和邮政业，农、林、牧、渔业。

就资金比较收益的高低而言，吉林省有数据的8个行业可做如下排序：

金融业，建筑业，批发和零售业，住宿和餐饮业，农、林、牧、渔业，制造业，房地产业，交通运输、仓储和邮政业。

二、吉林省三次产业及其行业的投资与就业的基本结论

（1）就劳动比较收益而言，住宿和餐饮业、制造业、批发和零售业、房地产业、建筑业及金融业6个行业的劳动比较收益均超过1，是就业相对理想的行业；而农、林、牧、渔业则是就业过剩行业，应适当减少劳动力进入，其过剩的劳动力要设法转移到前面6个行业中。

换言之，无论是中部地区还是全国各地，以至于全球到吉林省的就业者，其就业的产业为第二、第三产业，行业排序为：

住宿和餐饮业、制造业、批发和零售业、房地产业、建筑业、金融业。

尽量不要去第一产业和除上述行业以外的其他行业，因为那里的劳动力已经趋于饱和了。

以上即为吉林省三次产业及其行业的就业去向。

（2）就资金比较收益而言，金融业、建筑业、批发和零售业及住宿和餐饮业 4 个行业的资金比较收益均超过 1，是投资相对理想的行业；而交通运输、仓储和邮政业和房地产业则是投资过剩的 2 个行业，应适当减少资金的进入，其过剩资金要设法转移到前面 4 个行业中。

换言之，无论是中部地区还是全国各地，以至于全球到吉林省的投资者，其投资的行业排序为：

金融业、建筑业、批发和零售业、住宿和餐饮业。

尽量不要去房地产业和交通运输、仓储和邮政业，因为那里的投资已经严重过剩了。

以上即为吉林省三次产业及其行业的投资去向。

（3）综合上述两项指标考虑，吉林省的产业与行业投资与就业效益均好的行业是金融业、建筑业、批发和零售业、住宿和餐饮业及制造业，因为其劳动与资金的比较收益都超过 1。

第八节　湖北省产业与行业的投资与就业指南

一、湖北省三次产业与行业的投资与就业结构现状

将湖北省三次产业与行业的产值、投资和就业状况（见表 4 - 27、表 4 - 28）及其相应的比较收益计算出来并进行比较，即可得出湖北省三次产业与行业的投资与就业结构现状及其相应的比较收益。计算方法同

上，其结果见表4－29、表4－30。

表4－27　湖北省三次产业的生产总值、固定资产投资总额和就业状况（2017年）

产业（i）	产业生产总值/亿元	固定资产投资总额/亿元	就业/万人
总计	35 478.1	31 872.6	3 610.0
第一产业	3 529.0	1 071.0	1 278.0
第二产业	15 441.8	13 274.2	839.0
第三产业	16 507.3	17 527.4	1 493.0

表4－28　湖北省各行业的生产总值、固定资产投资总额和就业状况（2017年）

行业（i）	行业生产总值/亿元	固定资产投资总额/亿元	就业/万人
农、林、牧、渔业	3 529.0	1 071.0	1 278.0
采矿业	—	260.1	23.0
制造业	13 060.1	11 257.5	507.2
电力、燃气及水的生产和供应业	—	1 194.8	27.4
建筑业	2 459.7	561.8	281.4
交通运输、仓储和邮政业	1 420.0	2 892.7	140.5
信息传输、计算机服务和软件业	—	149.4	51.6
批发和零售业	2 682.2	630.2	295.7
住宿和餐饮业	814.2	256.4	92.6
金融业	2 640.9	49.1	53.8
房地产业	1 643.0	6 483.9	83.7
租赁和商务服务业	2 274.6	788.2	69.5
科学研究、技术服务和地质勘查业	—	242.3	55.2
水利、环境和公共设施管理业	—	4 370.1	33.2
居民服务和其他服务业	725.2	148.7	21.9
教育业	—	363.6	230.4
卫生、社会保障和社会福利业	—	344.2	139.0
文化、体育和娱乐业	—	390.2	32.7
公共管理和社会组织	—	416.8	193.3

资料来源：《湖北统计年鉴2018》和中国经济与社会发展统计数据库。其中信息传输、计算机服务和软件业以及租赁和商务服务业等细分行业的生产总值并未给出，均包含于其他服务业中。

表 4－29　湖北省三次产业及其相应的 GBC 测度（2017 年）

产业（i）	需求结构/%	就业结构/%	劳动比较收益	投资结构/%	资金比较收益
总计	100.00	100.00	—	100.00	—
第一产业	9.95	35.40	0.28	3.36	2.96
第二产业	43.52	23.24	1.87	41.65	1.05
第三产业	46.53	41.36	1.13	54.99	0.85

表 4－30　湖北省各行业结构及其相应的 GBC 测度（2017 年）

行业（i）	需求结构/%	就业结构/%	劳动比较收益	投资结构/%	资金比较收益
农、林、牧、渔业	9.95	35.40	0.28	3.36	2.96
采矿业	—	0.64	—	0.82	—
制造业	36.81	14.05	2.62	35.32	1.04
电力、燃气及水的生产和供应业	—	0.76	—	3.75	—
建筑业	6.93	7.80	0.89	1.76	3.93
交通运输、仓储和邮政业	4.00	3.89	1.03	9.08	0.44
信息传输、计算机服务和软件业	—	1.43	—	0.47	—
批发和零售业	7.56	8.19	0.92	1.98	3.82
住宿和餐饮业	2.29	2.57	0.89	0.80	2.85
金融业	7.44	1.49	4.99	0.15	48.32
房地产业	4.63	2.32	2.00	20.34	0.23
租赁和商务服务业	6.41	1.93	3.33	2.47	2.59
科学研究、技术服务和地质勘查业	—	1.53	—	0.76	—
水利、环境和公共设施管理业	—	0.92	—	13.71	—
居民服务和其他服务业	2.04	0.61	3.37	0.47	4.38
教育业	—	6.38	—	1.14	—
卫生、社会保障和社会福利业	—	3.85	—	1.08	—
文化、体育和娱乐业	—	0.91	—	1.22	—
公共管理和社会组织	—	5.35	—	1.31	—

表 4－29、表 4－30 显示如下。

（1）就三次产业而言，湖北省的三次产业 6 个相关数据中，只有第二产业的资金比较收益（1.05）基本均衡，其余 5 个都处于极不均衡状态。

尤其第一产业的两个数据刚好相反：第一产业的劳动比较收益最小，为 0.28，但资金比较收益又最大，为 2.96。

（2）就行业情况而言，湖北省 21 个行业的相关数据原本应该有 42 个，但因缺乏若干原始数据，目前只有 20 个，故只能讨论已有数据的情况：只有交通运输、仓储和邮政业的劳动比较收益和制造业的资金比较收益为基本均衡，分别为 1.03 和 1.04，其他 18 个数据即 90% 处于极不均衡状态。其中金融业，居民服务和其他服务业，租赁和商务服务业，制造业，房地产业及交通运输、仓储和邮政业 6 个行业的劳动比较收益都超过 1，尤其金融业的劳动比较收益为 4.99，是这一指标最低行业——农、林、牧、渔业的近 18 倍（4.99/0.28）。而资金比较收益极不均衡，其中金融业，居民服务和其他服务业，建筑业，批发和零售业，农、林、牧、渔业，住宿和餐饮业，租赁和商务服务业及制造业 8 个行业的这一指标均超过 1。而房地产业的这一指标太低，只有 0.23，仅相当于金融业的 0.004 8（0.23/48.32），居民服务和其他服务业的 0.052 5（0.23/4.38），建筑业的 0.058 5（0.23/3.93），批发和零售业的 0.060 2（0.23/3.82），农、林、牧、渔业的 0.077 7（0.23/2.96），住宿和餐饮业的 0.080 7（0.23/2.85），租赁和商务服务业的 0.088 8（0.23/2.59），制造业的 0.221 1（0.23/1.04）。

因此，就劳动比较收益的高低而言，湖北省有数据的 10 个行业可做如下排序：

金融业，居民服务和其他服务业，租赁和商务服务业，制造业，房地产业，交通运输、仓储和邮政业，批发和零售业，住宿和餐饮业，建筑业，农、林、牧、渔业。

就资金比较收益的高低而言，湖北省有数据的 10 个行业可做如下排序：

金融业，居民服务和其他服务业，建筑业，批发和零售业，农、林、牧、渔业，住宿和餐饮业，租赁和商务服务业，制造业，交通运输、仓储和邮政业，房地产业。

二、湖北省三次产业及其行业的投资与就业的基本结论

（1）就劳动比较收益而言，金融业，居民服务和其他服务业，租赁和商务服务业，制造业，房地产业，交通运输、仓储和邮政业6个行业的劳动比较收益均超过1，是就业相对理想的行业；而农、林、牧、渔业则是就业过剩行业，应适当减少劳动力进入，其过剩的劳动力要设法转移到前面6个行业中。

换言之，无论是中部地区还是全国各地，以至于全球到湖北省的就业者，其就业的产业为第二、第三产业，行业排序为：

金融业，居民服务和其他服务业，租赁和商务服务业，制造业，房地产业，交通运输、仓储和邮政业。

尽量不要去第一产业和除上述产业以外的其他行业，因为那里的劳动力已经趋于饱和了。

以上即为湖北省三次产业及其行业的就业去向。

（2）就资金比较收益而言，金融业，居民服务和其他服务业，建筑业，批发和零售业，农、林、牧、渔业，住宿和餐饮业，租赁和商务服务业及制造业8个行业的资金比较收益均超过1，是投资相对理想的行业；而房地产业及交通运输、仓储和邮政业则是投资过剩的2个行业，应适当减少资金的进入，其过剩资金要设法转移到前面8个行业中。

换言之，无论是中部地区还是全国各地，以至于全球到湖北省的投资者，其投资的行业排序为：

金融业，居民服务和其他服务业，建筑业，批发和零售业，农、林、牧、渔业，住宿和餐饮业，租赁和商务服务业，制造业。

尽量不要去房地产业，交通运输、仓储和邮政业投资，因为那里的投资已经严重过剩了。

以上即为湖北省三次产业及其行业的投资去向。

（3）综合上述两项指标考虑，湖北省的产业与行业投资与就业效益均好的行业是金融业、居民服务和其他服务业、租赁和商务服务业、制造业4个行业，因为其劳动与资金的比较收益都超过1。

第九节　广西壮族自治区产业与行业的投资与就业指南

一、广西壮族自治区三次产业与行业的投资与就业结构现状

将广西三次产业与行业的产值、投资和就业状况（见表4－31、表4－32）及其相应的比较收益计算出来并进行比较，即可得出广西三次产业与行业的投资与就业结构现状及其相应的比较收益。计算方法同上，其结果见表4－33、表4－34。

表4－31　广西三次产业的生产总值、固定资产投资总额和就业状况（2017 年）

产业（i）	产业生产总值/亿元	固定资产投资总额/亿元	就业/万人
总计	20 396.3	17 224.8	2 842.0
第一产业	2 906.9	1 203.6	1 415.0
第二产业	9 297.8	7 004.6	498.0
第三产业	8 191.5	9016.6	929.0

表4－32　广西各行业的生产总值、固定资产投资总额和就业状况（2017 年）

行业（i）	行业生产总值/亿元	固定资产投资总额/亿元	就业/万人
农、林、牧、渔业	2 906.9	1 203.6	1 415.0
采矿业	—	270.1	11.5
制造业	7 663.7	5 585.7	226.3
电力、燃气及水的生产和供应业	—	975.6	39.9
建筑业	1 635.7	173.2	220.2
交通运输、仓储和邮政业	932.6	2 026.3	72.5

续表

行业（i）	行业生产总值/亿元	固定资产投资总额/亿元	就业/万人
信息传输、计算机服务和软件业	—	245.8	15.3
批发和零售业	1 326.2	640.2	48.5
住宿和餐饮业	436.1	252.2	16.8
金融业	1 403.2	53.3	56.1
房地产业	885.5	786.1	30.2
租赁和商务服务业	1 520.5	804.3	41.2
科学研究、技术服务和地质勘查业	—	153.5	31.7
水利、环境和公共设施管理业	—	2 539.9	30.2
居民服务和其他服务业	262.4	88.7	2.7
教育业	—	520.9	238.2
卫生、社会保障和社会福利业	—	240.9	127.1
文化、体育和娱乐业	—	311.0	12.6
公共管理和社会组织	—	353.5	206.1

资料来源：《广西统计年鉴2018》和中国经济与社会发展统计数据库。

表4－33　广西三次产业及其相应的GBC测度（2017年）

产业（i）	需求结构/%	就业结构/%	劳动比较收益	投资结构/%	资金比较收益
总计	100.00	100.00	—	100.00	—
第一产业	14.25	49.79	0.29	6.99	2.04
第二产业	45.59	17.52	2.60	40.67	1.12
第三产业	40.16	32.69	1.23	52.35	0.77

表4－34　广西各行业结构及其相应的GBC测度（2017年）

行业（i）	需求结构/%	就业结构/%	劳动比较收益	投资结构/%	资金比较收益
农、林、牧、渔业	14.25	49.79	0.29	6.99	2.04
采矿业	—	0.40	—	1.57	—
制造业	37.57	7.96	4.72	32.43	1.16
电力、燃气及水的生产和供应业	—	1.40	—	5.66	—

续表

行业（i）	需求结构/%	就业结构/%	劳动比较收益	投资结构/%	资金比较收益
建筑业	8.02	7.75	1.04	1.01	7.98
交通运输、仓储和邮政业	4.57	2.55	1.79	11.76	0.39
信息传输、计算机服务和软件业	—	0.54	—	1.43	—
批发和零售业	6.50	1.71	3.81	3.72	1.75
住宿和餐饮业	2.14	0.59	3.62	1.46	1.46
金融业	6.88	1.97	3.49	0.31	22.23
房地产业	4.34	1.06	4.09	4.56	0.95
租赁和商务服务业	7.45	1.45	5.14	4.67	1.60
科学研究、技术服务和地质勘查业	—	1.12	—	0.89	—
水利、环境和公共设施管理业	—	1.06	—	14.75	—
居民服务和其他服务业	1.29	0.10	13.54	0.51	2.50
教育业	—	8.38	—	3.02	—
卫生、社会保障和社会福利业	—	4.47	—	1.40	—
文化、体育和娱乐业	—	0.44	—	1.81	—
公共管理和社会组织	—	7.25	—	2.05	—

表4－33、表4－34显示如下。

（1）就三次产业而言，广西的三次产业6个相关数据全都处于极不均衡状态。尤其第一产业的劳动比较收益只有0.29，分别是第二、第三产业这一指标的0.11（0.29/2.60）和0.24（0.29/1.23）。而在资金比较收益方面，第一、第二产业较短缺，分别为2.04与1.12，第三产业却又过剩，为0.77。

（2）就行业情况而言，广西21个行业的相关数据原本应该有42个，但因缺乏若干原始数据，目前只有20个，故只能讨论已有数据的情况：除建筑业的劳动比较收益和房地产业的资金比较收益处于相对均衡，分别为1.04和0.95外，其他都处于极不均衡状态。其中，居民服务和其他服务业，租赁和商务服务业，制造业，房地产业，批发和零售业，住宿和餐饮业，金融业，交通运输、仓储和邮政业及建筑业 9 个行业的劳动比较收益都超过 1。尤其居民服务和其他服务业的劳动比较收益为 13.54，是这一指标最低行业——农、林、牧、渔业的 47 倍（13.54/0.29）。而资金的比较收益的不均衡就更为突出，其中金融业，建筑业，居民服务和其他服务业，农、林、牧、渔业，批发和零售业，租赁和商务服务业，住宿和餐饮业及制造业 8 个行业的这一指标均超过 1。尤其金融业的资金比较收益超过 10。而交通运输、仓储和邮政业的这一指标太低，只有 0.39，仅相当于金融业的 0.017 5（0.39/22.23），建筑业的 0.048 8（0.39/7.98），居民服务和其他服务业的 0.156 0（0.39/2.50），农、林、牧、渔业的 0.191 1（0.39/2.04），以及批发和零售业的 0.222 8（0.39/1.75）。

因此，就劳动比较收益的高低而言，广西有数据的 10 个行业可做如下排序：

居民服务和其他服务业，租赁和商务服务业，制造业，房地产业，批发和零售业，住宿和餐饮业，金融业，交通运输、仓储和邮政业，建筑业，农、林、牧、渔业。

就资金比较收益的高低而言，广西有数据的 10 个行业可做如下排序：

金融业，建筑业，居民服务和其他服务业，农、林、牧、渔业，批发和零售业，租赁和商务服务业，住宿和餐饮业，制造业，房地产业，交通运输、仓储和邮政业。

二、广西壮族自治区三次产业及其行业的投资与就业的基本结论

（1）就劳动比较收益而言，居民服务和其他服务业，租赁和商务服务业，制造业，房地产业，批发和零售业，住宿和餐饮业，金融业，交通运输、仓储和邮政业及建筑业 9 个行业的劳动比较收益均超过 1，是就业相对理想的行业；只有农、林、牧、渔业是就业过剩行业，应当适当减少

劳动力进入，其过剩的劳动力要设法转移到前面 9 个行业中。

换言之，无论是中部地区还是全国各地，以至于全球到广西的就业者，其就业的产业为第二产业、第三产业，行业排序为：

居民服务和其他服务业，租赁和商务服务业，制造业，房地产业，批发和零售业，住宿和餐饮业，金融业、交通运输、仓储和邮政业，建筑业。

尽量不要去第一产业和除上述行业以外的其他行业，因为那里的劳动力已经趋于饱和了。

以上即为广西壮族自治区三次产业及行业的就业去向。

（2）就资金比较收益而言，金融业，建筑业，居民服务和其他服务业，农、林、牧、渔业，批发和零售业，租赁和商务服务业，住宿和餐饮业及制造业等 8 个行业的资金比较收益均超过 1，是投资相对理想的行业；而房地产业，交通运输、仓储和邮政业 2 个行业则是投资过剩的行业，应适当减少资金的进入，其过剩资金要设法转移到前面 8 个行业中。

换言之，无论是中部地区还是全国各地，以至于全球到广西的投资者，其投资的行业排序为：

金融业，建筑业，居民服务和其他服务业，农、林、牧、渔业，批发和零售业，租赁和商务服务业，住宿和餐饮业，制造业。

尽量不要去交通运输、仓储和邮政业，因为那里的投资已经严重过剩了。

以上即为广西壮族自治区三次产业及行业的投资去向。

（3）综合上述两项指标考虑，广西的产业与行业投资与就业效益均好的行业是金融业，居民服务和其他服务业，租赁和商务服务业，制造业，批发和零售业，住宿和餐饮业及建筑业，因为其劳动与资金的比较收益都超过 1。

第十节　安徽省产业与行业的投资与就业指南

一、安徽省三次产业与行业的投资与就业结构现状

将安徽省三次产业与行业的产值、投资和就业状况（见表4－35、表4－36）及其相应的比较收益计算出来并进行比较，即可得出安徽省三次产业与行业的投资与就业结构现状及其相应的比较收益。计算方法同上，其结果见表4－37、表4－38。

表4－35　安徽省三次产业的生产总值、固定资产投资总额和就业状况（2017年）

产业（i）	产业生产总值/亿元	固定资产投资总额/亿元	就业/万人
总计	27 018.0	29 186.0	4 377.9
第一产业	2 582.3	775.8	1 363.3
第二产业	12 838.3	13 016.4	1 259.5
第三产业	11 597.5	15 393.8	1 755.1

表4－36　安徽省各行业的生产总值、固定资产投资总额和就业状况（2017年）

行业（i）	行业生产总值/亿元	固定资产投资总额/亿元	就业/万人
农、林、牧、渔业	2 582.3	775.8	1 363.3
采矿业	—	231.8	105.0
制造业	10 916.3	11 434.3	619.4
电力、燃气及水的生产和供应业	—	1 277.4	52.7
建筑业	1 943.6	72.9	482.4
交通运输、仓储和邮政业	875.4	2 036.5	157.9
信息传输、计算机服务和软件业	510.6	274.0	53.5
批发和零售业	1 910.5	602.8	148.1
住宿和餐饮业	500.6	193.5	35.2
金融业	1 663.6	62.1	154.6
房地产业	1 390.5	6 551.6	73.1

续表

行业（i）	行业生产总值/亿元	固定资产投资总额/亿元	就业/万人
租赁和商务服务业	1 168.9	612.8	48.3
科学研究、技术服务和地质勘查业	282.6	280.6	58.1
水利、环境和公共设施管理业	167.5	3 297.6	45.7
居民服务和其他服务业	603.1	107.9	6.5
教育业	764.1	443.4	415.0
卫生、社会保障和社会福利业	471.1	255.5	205.5
文化、体育和娱乐业	328.4	254.3	20.9
公共管理和社会组织	814.7	421.2	332.8

资料来源：《安徽统计年鉴2018》。

表4-37　安徽省三次产业及其相应的GBC测度（2017年）

产业（i）	需求结构/%	就业结构/%	劳动比较收益	投资结构/%	资金比较收益
总计	100.00	100.00	—	100.00	—
第一产业	9.56	31.14	0.31	2.66	3.60
第二产业	47.52	28.77	1.65	44.60	1.07
第三产业	42.93	40.09	1.07	52.74	0.81

表4-38　安徽省各行业及其相应的GBC测度（2017年）

行业（i）	需求结构/%	就业结构/%	劳动比较收益	投资结构/%	资金比较收益
农、林、牧、渔业	9.56	31.14	0.31	2.66	3.60
采矿业	—	—	—	—	—
制造业	40.40	14.15	2.86	39.18	1.03
电力、燃气及水的生产和供应业	—	—	—	—	—
建筑业	7.19	11.02	0.65	0.25	28.80
交通运输、仓储和邮政业	3.24	3.61	0.90	6.98	0.46
信息传输、计算机服务和软件业	1.89	1.22	1.55	0.94	2.01
批发和零售业	7.07	3.38	2.09	2.07	3.42
住宿和餐饮业	1.85	0.80	2.30	0.66	2.79

续表

行业（i）	需求结构/%	就业结构/%	劳动比较收益	投资结构/%	资金比较收益
金融业	6.16	3.53	1.74	0.21	28.94
房地产业	5.15	1.67	3.08	22.45	0.23
租赁和商务服务业	4.33	1.10	3.92	2.10	2.06
科学研究、技术服务和地质勘查业	1.05	1.33	0.79	0.96	1.09
水利、环境和公共设施管理业	0.62	1.04	0.59	11.30	0.05
居民服务和其他服务业	2.23	0.15	15.03	0.37	6.04
教育业	2.83	9.48	0.30	1.52	1.86
卫生、社会保障和社会福利业	1.74	4.69	0.37	0.88	1.99
文化、体育和娱乐业	1.22	0.48	2.55	0.87	1.40
公共管理和社会组织	3.02	7.60	0.40	1.44	2.09

表4-37、表4-38显示如下。

（1）就三次产业而言，安徽省的三次产业6个相关数据全都处于不均衡状态。尤其第一产业的劳动比较收益最低，仅为0.31，而资金比较收益又最高，为3.60，分别约为第二、第三产业的3倍（3.60/1.07）和4倍（3.60/0.81）。

（2）就行业情况而言，安徽省21个行业的相关数据原本应该有42个，但因缺乏若干原始数据，目前只有34个，只有一个数据即制造业的资金比较收益（1.03）基本均衡，其他33个数据97%处于极不均衡状态。其中居民服务和其他服务业，租赁和商务服务业，房地产业，制造业，文化、体育和娱乐业，住宿和餐饮业，批发和零售业，金融业及信息传输、计算机服务和软件业9个行业的劳动比较收益都超过1，尤其居民服务和其他服务业的劳动比较收益为15.03，是这一指标最低行业——教育业的50倍（15.03/0.30）。而资金比较收益的不均衡更为突出，其中金融业，建筑业，居民服务和其他服务业，农、林、牧、渔业，批发和零售业，住宿和餐饮业，公共管理和社会组织，租赁和商务服务业，信息传输、计算机服务和软件业，卫生、社会保障和社会福利业，教育，文化、体育和娱乐业，科学研究、技术服务和地质勘查业及制造业14个行业的这一指标均超过1。而水利、环境和公共设施管理业的这一指标太低，只有0.05，仅相当于金融业的0.001 7（0.05/28.94），建筑业的0.001 7（0.05/28.80），居民服务和其他服务业的0.008 3（0.05/6.04），农、林、牧、渔业的0.013 9（0.05/3.60），以及批发和零售业的0.014 6（0.05/3.42）。

因此，就劳动比较收益的高低而言，安徽省有数据的17个行业可做如下排序：

居民服务和其他服务业，租赁和商务服务业，房地产业，制造业，文化、体育和娱乐业，住宿和餐饮业，批发和零售业，金融业，信息传输、计算机服务和软件业，交通运输、仓储和邮政业，科学研究、技术服务和地质勘查业，建筑业，水利、环境和公共设施管理业，公共管理和社会组织，卫生、社会保障和社会福利业，农、林、牧、渔业，教育业。

就资金比较收益的高低而言，安徽省有数据的17个行业可做如下排序：

金融业，建筑业，居民服务和其他服务业，农、林、牧、渔业，批发和零售业、住宿和餐饮业，公共管理和社会组织，租赁和商务服务业，信息传输、计算机服务和软件业、卫生、社会保障和社会福利业，教育业，文化、体育和娱乐业，科学研究、技术服务和地质勘查业，制造业，交通运输、仓储和邮政业，房地产业，水利、环境和公共设施管理业。

二、安徽省三次产业及其行业的投资与就业的基本结论

（1）就劳动比较收益而言，居民服务和其他服务业，租赁和商务服务业，房地产业，制造业，文化、体育和娱乐业，住宿和餐饮业，批发和零售业，金融业及信息传输、计算机服务和软件9个行业的劳动比较收益均

超过 1，是就业相对理想的行业；其余 8 个行业则是就业过剩行业，应适当减少劳动力进入，尤其教育业，农、林、牧、渔业，卫生、社会保障和社会福利业，公共管理和社会组织，水利、环境和公共设施管理业，建筑业，科学研究、技术服务和地质勘查业及交通运输、仓储和邮政业，其过剩的劳动力要设法转移到前面 9 个行业中。

换言之，无论是中部地区还是全国各地，以至于全球到安徽省的就业者，其就业的产业为第二、第三产业，行业排序为：

居民服务和其他服务业，租赁和商务服务业，房地产业，制造业，文化、体育和娱乐业，住宿和餐饮业，批发和零售业，金融业，信息传输、计算机服务和软件业。

尽量不要去第一产业和除上述行业以外的，因为那里的劳动力已经趋于饱和了。

以上即为安徽省三次产业及其行业的就业去向。

（2）就资金比较收益而言，金融业，建筑业，居民服务和其他服务业，农、林、牧、渔业，批发和零售业，住宿和餐饮业，公共管理和社会组织，租赁和商务服务业，信息传输、计算机服务和软件业，卫生、社会保障和社会福利业，教育业，文化、体育和娱乐业，科学研究、技术服务和地质勘查业及制造业 14 个行业的资金比较收益均超过 1，是投资相对理想的行业；而水利、环境和公共设施管理业，房地产业及交通运输、仓储和邮政业 3 个行业则是投资过剩的行业，应适当减少资金的进入，其过剩的资金要设法转移到前面 14 个行业中。

换言之，无论是中部地区还是全国各地，以至于全球到安徽省的投资者，其投资的行业排序为：

金融业，建筑业，居民服务和其他服务业，农、林、牧、渔业，批发和零售业，住宿和餐饮业，公共管理和社会组织，租赁和商务服务业，信息传输、计算机服务和软件业，卫生、社会保障和社会福利业，教育业，文化、体育和娱乐业，科学研究、技术服务和地质勘查业，制造业。

尽量不要去水利、环境和公共设施管理业及交通运输、仓储和邮政业2个行业，因为那里的投资已经过剩了，其资金比较收益都太小，分别为0.05与0.46。

以上即为安徽省三次产业及其行业的投资去向。

（3）综合上述两项指标考虑，安徽省的行业投资与就业效益均好的行业是金融业，居民服务和其他服务业，租赁和商务服务业，制造业，文化、体育和娱乐业，住宿和餐饮业，批发和零售业及信息传输、计算机服务和软件业，因为其劳动与资金的比较收益都超过1。最差的是水利、环境和公共设施管理业及交通运输、仓储和邮政业2个行业，因为其劳动与资金的比较收益都远小于1。

第十一节　江西省产业与行业的投资与就业指南

一、江西省三次产业与行业的投资与就业结构现状

将江西省三次产业与行业的产值、投资和就业状况（见表4－39、表4－40）及其相应的比较收益计算出来并进行比较，即可得出江西省三次产业与行业的投资与就业结构现状及其相应的比较收益。计算方法同上，其结果见表4－41、表4－42。

表4－39　江西省三次产业的生产总值、固定资产投资总额和就业状况（2017年）

产业（i）	产业生产总值/亿元	固定资产投资总额/亿元	就业/万人
总计	20 006.3	22 085.3	2 645.6
第一产业	1 835.3	574.7	753.1
第二产业	9 628.0	11 811.9	864.2
第三产业	8 543.1	9 698.8	1 028.3

表4－40　江西省各行业的生产总值、固定资产投资总额和就业状况（2017年）

行业（i）	行业生产总值/亿元	固定资产投资总额/亿元	就业/万人
农、林、牧、渔业	1 835.3	574.7	753.1
采矿业	—	226.2	43.0
制造业	7 789.6	10 791.3	539.8
电力、燃气及水的生产和供应业	—	765.4	16.6
建筑业	1 839.0	43.7	254.1
交通运输、仓储和邮政业	866.3	734.6	105.6
信息传输、计算机服务和软件业	—	204.8	38.9
批发和零售业	1 415.1	877.4	408.1
住宿和餐饮业	465.6	215.3	97.4
金融业	1 107.1	62.5	15.8
房地产业	890.6	2 933.3	37.2
租赁和商务服务业	795.4	579.3	43.3
科学研究、技术服务和地质勘查业	—	135.9	13.2
水利、环境和公共设施管理业	—	2544.7	12.6
居民服务和其他服务业	721.5	84.3	98.4
教育业	—	234.9	58.9
卫生、社会保障和社会福利业	—	202.4	37.7
文化、体育和娱乐业	—	198.5	18.4
公共管理和社会组织	—	588.2	53.4

资料来源：《江西统计年鉴2018》和中国经济与社会发展统计数据库。其中信息传输、计算机服务和软件业以及科学研究、技术服务和地质勘查业等细分行业的生产总值并未给出，均包含于其他服务业中。

表4－41　江西省三次产业及其相应的GBC测度（2017年）

产业（i）	需求结构/%	就业结构/%	劳动比较收益	投资结构/%	资金比较收益
总计	100.00	100.00	—	100.00	—
第一产业	9.17	28.47	0.32	2.60	3.53
第二产业	48.12	32.67	1.47	53.48	0.90
第三产业	42.70	38.87	1.10	43.92	0.97

表4-42　江西省各行业结构及其相应的GBC测度（2017年）

行业（i）	需求结构/%	就业结构/%	劳动比较收益	投资结构/%	资金比较收益
农、林、牧、渔业	9.17	28.47	0.32	2.60	3.53
采矿业	—	1.63	—	1.02	—
制造业	38.94	20.40	1.91	48.86	0.80
电力、燃气及水的生产和供应业	—	0.63	—	3.47	—
建筑业	9.19	9.60	0.96	0.20	46.46
交通运输、仓储和邮政业	4.33	3.99	1.08	3.33	1.30
信息传输、计算机服务和软件业	—	1.47	—	0.93	—
批发和零售业	7.07	15.43	0.46	3.97	1.78
住宿和餐饮业	2.33	3.68	0.63	0.97	2.39
金融业	5.53	0.60	9.27	0.28	19.55
房地产业	4.45	1.41	3.17	13.28	0.34
租赁和商务服务业	3.98	1.64	2.43	2.62	1.52
科学研究、技术服务和地质勘查业	—	0.50	—	0.62	—
水利、环境和公共设施管理业	—	0.48	—	11.52	—
居民服务和其他服务业	3.61	3.72	0.97	0.38	9.45
教育业	—	2.23	—	1.06	—
卫生、社会保障和社会福利业	—	1.43	—	0.92	—
文化、体育和娱乐业	—	0.70	—	0.90	—
公共管理和社会组织	—	2.02	—	2.66	—

表4-41、表4-42显示如下。

（1）就三次产业而言，江西省的三次产业6个相关数据中，只有一个基本均衡（第三产业的资金比较收益为0.97），其余5个即83%均处于极不均衡状态。尤其第一产业的资金比较收益高达3.53，劳动比较收益为最低，仅为0.32，成为三次产业6个相关数据中的两个极端，表明该产业不仅劳动力最过剩，资金也最短缺。因此，产业结构调整最需要赶紧压缩第一产业劳动力并尽量加强对该产业的投资力度。

（2）就行业情况而言，江西省21个行业的相关数据原本应该有42

个，但因缺乏若干原始数据，目前只有20个，其中两个数据（居民服务和其他服务业，及建筑业的劳动比较收益）基本均衡，分别为0.97与0.96，其他即90%均处于极不均衡状态。其中，建筑业，金融业，居民服务和其他服务业，农、林、牧、渔业，住宿和餐饮业，批发和零售业，租赁和商务服务业，交通运输、仓储和邮政业8个行业的资金比较收益均超过1，尤其建筑业的劳动比较收益高达46.46，是这一指标最低行业——房地产业的近137倍（46.46/0.34）。劳动的比较收益不均衡也令人担忧，其中，金融业，房地产业，租赁和商务服务业，制造业及交通运输、仓储和邮政业5个行业的这一指标均超过1。而农、林、牧、渔业的这一指标太低，只有0.32，仅相当于金融业的0.03（0.32/9.27）、房地产业的0.1（0.32/3.17）。

因此，就劳动比较收益的高低而言，江西省有数据的10个行业可做如下排序：

金融业，房地产业，租赁和商务服务业，制造业，交通运输、仓储和邮政业，居民服务和其他服务业，建筑业，住宿和餐饮业，批发和零售业，农、林、牧、渔业。

就资金比较收益的高低而言，江西省有数据的10个行业可做如下排序：

建筑业，金融业，居民服务和其他服务业，农、林、牧、渔业，住宿和餐饮业，批发和零售业，租赁和商务服务业，交通运输、仓储和邮政业，制造业，房地产业。

二、江西省三次产业及其行业的投资与就业的基本结论

（1）就劳动比较收益而言，金融业，房地产业，租赁和商务服务业，制造业及交通运输、仓储和邮政业5个行业的劳动比较收益均超过1，是就业相对理想的行业；而农、林、牧、渔业，批发和零售业及住宿和餐饮

业3个行业是就业过剩行业，其过剩的劳动力要设法转移到前面5个行业中。

换言之，无论是中部地区还是全国各地，以至于全球到江西省的就业者，其就业的行业排序为：

金融业，房地产业，租赁和商务服务业，制造业，交通运输、仓储和邮政业。

尽量不要去第一产业和农、林、牧、渔业，批发和零售业及住宿和餐饮业3个行业，因为那里的劳动力已经趋于饱和了。

以上即为江西省三次产业及其行业的就业去向。

（2）就资金比较收益而言，建筑业，金融业，居民服务和其他服务业，农、林、牧、渔业，住宿和餐饮业，批发和零售业，租赁和商务服务业及交通运输、仓储和邮政业8个行业的资金比较收益均超过1，是投资相对理想的行业；而房地产业和制造业则是投资过剩的2个行业，应适当减少资金的进入，其过剩资金要设法转移到前面8个行业中。

换言之，无论是中部地区还是全国各地，以至于全球到江西省的投资者，其投资的行业排序为：

建筑业，金融业，居民服务和其他服务业，农、林、牧、渔业，住宿和餐饮业，批发和零售业，租赁和商务服务业，交通运输、仓储和邮政业。

尽量不要去房地产业和制造业，因为那里的投资已经严重过剩了。

以上即为江西省三次产业及其行业的投资去向。

（3）综合上述两项指标考虑，江西省的产业与行业投资与就业效益均好的行业是金融业，租赁和商务服务业，交通运输、仓储和邮政业，因为其劳动与资金的比较收益都超过1。

第五章　西部地区——排名偏后区域的地区及其产业的投资与就业指南

由第二章可知，按东、中、西部三大区域划分，中国西部地区是投资与就业的排名偏后区域。西部地区虽是排名偏后区域，但就本区域而言也存在投资与就业的优劣比较与排序。本章根据基础篇提供的理论依据、模型和方法，利用统计数据进行计算与分析，并给出该地区的投资与就业指南。

第一节　西部地区——排名偏后区域的地区投资与就业指南

一、中国西部地区的地区经济结构现状

中国西部地区各省份 2017 年地区生产总值、固定资本形成总额与就业状况，见表 5 - 1。

表 5 - 1　中国西部地区各省份地区生产总值、固定资本形成总额和就业状况（2017 年）

地区	省份（i）	地区生产总值/亿元	固定资本形成总额/亿元	就业/万人
西部地区	重庆	19 500.3	17 440.6	1 714.6
	四川	36 980.2	32 097.3	4 872.0
	贵州	13 540.8	15 288.0	2 023.2
	云南	16 376.3	18 936.0	2 992.7

续表

地区	省份（i）	地区生产总值/亿元	固定资本形成总额/亿元	就业/万人
西部地区	西藏	1 310.9	2 051.0	265.4
	陕西	21 898.8	23 819.4	2072.0
	甘肃	7 459.9	4 751.8	1 553.8
	青海	2 624.8	3 897.1	327.0
	宁夏	3 443.6	3 813.4	375.9
	新疆	10 882.0	11 795.6	1 307.6
	合　计	134 017.6	133 890.2	17 504.2

资料来源：中国经济与社会发展统计数据库及各省份2018年统计年鉴。

根据表5－1提供的数据，应用基础篇中相关计算公式得出相应数据，见表5－2。

表5－2　中国西部地区各省份经济结构与GBC测度（2017年）

地区	省份（i）	需求结构 D_i（t）/%	就业结构 S_i^1（t）/%	劳动比较收益GBC G_i^1（t）	投资结构 S_i^2（t）/%	资金比较收益GBC G_i^2（t）
西部地区	重庆	14.55	9.80	1.49	13.03	1.12
	四川	27.59	27.83	0.99	23.97	1.15
	贵州	10.10	11.56	0.87	11.42	0.88
	云南	12.22	17.10	0.71	14.14	0.86
	西藏	0.98	1.52	0.65	1.53	0.64
	陕西	16.34	11.84	1.38	17.79	0.92
	甘肃	5.57	8.88	0.63	3.55	1.57
	青海	1.96	1.87	1.05	2.91	0.67
	宁夏	2.57	2.15	1.20	2.85	0.90
	新疆	8.12	7.47	1.09	8.81	0.92
	合　计	100.00	100.00	—	100.00	—

从表5－2的劳动比较收益和资金比较收益可知，该区域的10个省份在20个相关数据中，只有2个数据（青海和四川的劳动比较收益）基本均衡，分别为：1.05与0.99，其他90%都处于失衡（甚至是严重失衡）

状态。其中，尤以西藏的供求失衡比较严重。事实上，西藏的资金比较收益最低，仅为0.64，而劳动比较收益仅为0.65。而重庆的劳动比较收益与甘肃的资金比较收益最高，分别为1.49和1.57。

因此，就劳动比较收益的高低而言，该区域10个省份可做如下排序：

重庆、陕西、宁夏、新疆、青海、四川、贵州、云南、西藏、甘肃。

而就资金比较收益的高低而言，该区域10个省份可做如下排序：

甘肃、四川、重庆、新疆、陕西、宁夏、贵州、云南、青海、西藏。

二、中国西部区域投资与就业的基本结论

（1）就劳动比较收益而言，西部10个省份中，重庆最高，甘肃最低。重庆、陕西、宁夏、新疆等省份的劳动比较收益超过1，是就业相对理想的地区；后4个省份则是劳动力过剩地区，应适当减少劳动力进入，尤其甘肃、西藏、云南、贵州4个省份，其过剩劳动力要设法转移到前面5个省份。

换言之，无论是西部地区还是全国各地，以至于全球到西部地区的就业者，其就业的省份排序为：

重庆、陕西、宁夏、新疆、青海。

尽量不要去后面4个省份，因为那里的劳动力已经趋于饱和了。

以上即为西部区域的就业去向。

（2）就资金比较收益而言，西部10个省份中，甘肃、四川、重庆均超过1；其他7个省份的资金比较收益都小于1，尤其青海和西藏不理想，排序为：

甘肃、四川、重庆、新疆、陕西、宁夏、贵州、云南、青海、西藏。因此，西部地区投资几乎没有经济意义，除了可向甘肃、四川、重庆少量投资外，应将过剩资金设法转移到非西部地区。

以上即为西部区域的投资去向。

（3）综合上述两项指标考虑，该地区投资与就业效益最好的只有重庆。

下面将根据相关统计数据，分别就西部地区各省份的投资与就业问题进行计算分析，并给出正确选择的参考意见。

（注：由于缺乏各省份的地区相关数据资料，故各省份的地区投资与就业状况就无从计算与知晓，我们只能讨论各省份产业和行业的投资与就业问题，下同。）

第二节 新疆维吾尔自治区产业与行业的投资与就业指南

一、新疆维吾尔自治区三次产业与行业的投资与就业结构现状

将新疆三次产业与行业的产值、投资和就业状况（见表 5 – 3、表 5 – 4）及其相应的比较收益计算出来并进行比较，即可得出新疆三次产业与行业的投资与就业结构现状及其相应的比较收益。计算方法同上，其结果见表 5 – 5、表 5 – 6。

表 5 – 3 新疆三次产业的生产总值、固定资产投资总额和就业状况（2017 年）

产业（i）	产业生产总值/亿元	固定资产投资总额/亿元	就业/万人
总计	10 882.0	11 795.6	1 307.6
第一产业	15 51.8	552.3	534.6
第二产业	4 330.9	3 237.7	188.6
第三产业	4 999.3	8 005.6	584.4

表 5 – 4 新疆各行业的生产总值、固定资产投资总额和就业状况（2017 年）

行业（i）	行业生产总值/亿元	固定资产投资总额/亿元	就业/万人
农、林、牧、渔业	1 551.8	552.3	534.6
采矿业	—	545.1	33.8

续表

行业（i）	行业生产总值/亿元	固定资产投资总额/亿元	就业/万人
制造业	3 254.2	1 691.4	76.6
电力、燃气及水的生产和供应业	—	958.6	21.4
建筑业	1 159.5	42.7	56.8
交通运输、仓储和邮政业	668.2	1 978.5	49.3
信息传输、计算机服务和软件业	—	154.1	8.4
批发和零售业	702.2	175.2	26.7
住宿和餐饮业	180.0	96.1	6.6
金融业	623.5	26.6	29.0
房地产业	323.2	1 698.0	16.6
租赁和商务服务业	—	181.1	25.5
科学研究、技术服务和地质勘查业	—	68.3	18.7
水利、环境和公共设施管理业	—	2 222.7	16.9
居民服务和其他服务业	—	44.3	3.0
教育业	—	413.9	118.4
卫生、社会保障和社会福利业	—	164.4	55.9
文化、体育和娱乐业	—	164.1	8.7
公共管理和社会组织	—	618.3	200.9

资料来源：《新疆统计年鉴2018》。其中信息传输、计算机服务和软件业以及租赁和商务服务业等细分行业的生产总值并未给出，均包含于其他服务业中。

表5－5　新疆三次产业与行业结构及其相应的GBC测度（2017年）

产业（i）	需求结构/%	就业结构/%	劳动比较收益	投资结构/%	资金比较收益
总计	100.00	100.00	—	100.00	—
第一产业	14.26	40.88	0.35	4.68	3.05
第二产业	39.80	14.42	2.76	27.45	1.45
第三产业	45.94	44.69	1.03	67.87	0.68

表5－6　新疆各行业结构及其相应的GBC测度（2017年）

行业（i）	需求结构/%	就业结构/%	劳动比较收益	投资结构/%	资金比较收益
农、林、牧、渔业	14.26	40.88	0.35	4.68	3.05
采矿业	—	2.58	—	4.62	—
制造业	29.90	5.86	5.10	14.34	2.09
电力、燃气及水的生产和供应业	—	1.64	—	8.13	—
建筑业	10.66	4.34	2.45	0.36	29.43
交通运输、仓储和邮政业	6.14	3.77	1.63	16.77	0.37
信息传输、计算机服务和软件业	—	0.64	—	1.31	—
批发和零售业	6.45	2.04	3.16	1.49	4.34
住宿和餐饮业	1.65	0.50	3.28	0.81	2.03
金融业	5.73	2.22	2.58	0.23	25.41
房地产业	2.97	1.27	2.34	14.40	0.21
租赁和商务服务业	—	1.95	—	1.54	—
科学研究、技术服务和地质勘查业	—	1.43	—	0.58	—
水利、环境和公共设施管理业	—	1.29	—	18.84	—
居民服务和其他服务业	—	0.23	—	0.38	—
教育业	—	9.05	—	3.51	—
卫一生、社会保障和社会福利业	—	4.28	—	1.39	—
文化、体育和娱乐业	—	0.67	—	1.39	—
公共管理和社会组织	—	15.36	—	5.24	—

表5－5、表5－6显示如下。

（1）就三次产业而言，新疆的三次产业6个相关数据中，只有第三产业的劳动比较收益为1.03，相对均衡，其余5个全部处于极不均衡状态。尤其第一产业的资金比较收益最高，达3.05，是第二、第三产业这一指标的2倍多和4倍多。而在劳动比较收益方面，第二产业严重短缺，为2.76，第一产业却又严重过剩，仅为0.35。

（2）就行业情况而言，新疆21个行业的相关数据原本应该有42个，但因缺乏若干原始数据，目前只有16个，而且全都处于极不均衡状态。其中，制造业，住宿和餐饮业，批发和零售业，金融业，建筑业，房地产业及交通运输、仓储和邮政业 7 个行业的劳动比较收益均超过 1，尤其制造业的劳动比较收益为 5. 10，是这一指标最低行业——农、林、牧、渔业的近 15 倍（5. 10/0. 35）。资金比较收益的不均衡就比较突出了，其中建筑业，金融业，批发和零售业，农、林、牧、渔业，制造业及住宿和餐饮业 6 个行业的这一指标均超过 1。而房地产业和交通运输、仓储和邮政业的这一指标又太低，分别只有 0. 21 和 0. 37。其中，房地产业仅相当于建筑业的 0. 007 1（0. 21/29. 43）、金融业的 0. 008 2（0. 21/25. 41），而交通运输、仓储和邮政业仅相当于建筑业的 0. 012 5（0. 37/29. 43）、金融业的 0. 014 5（0. 37/25. 41）。

因此，就劳动比较收益的高低而言，新疆有数据的 8 个行业可做如下排序：

制造业，住宿和餐饮业，批发和零售业，金融业，建筑业，房地产业，交通运输、仓储和邮政业，农、林、牧、渔业。

就资金比较收益的高低而言，新疆有数据的 8 个行业可做如下排序：

建筑业，金融业，批发和零售业，农、林、牧、渔业，制造业，住宿和餐饮业，交通运输、仓储和邮政业，房地产业。

二、新疆维吾尔自治区三次产业及其行业的投资与就业的基本结论

（1）就劳动比较收益而言，制造业，住宿和餐饮业，批发和零售业，金融业，建筑业，房地产业及交通运输、仓储和邮政业 7 个行业的劳动比较收益均超过 1，是就业相对理想的行业；只有农、林、牧、渔业是就业过剩行业，其过剩的劳动力要设法转移到前面 7 个行业中。

换言之，无论是西部地区还是全国各地，以至于全球到新疆的就业者，其就业的产业为第二、第三产业，行业排序为：

制造业，住宿和餐饮业，批发和零售业，金融业，建筑业，房地产业，交通运输、仓储和邮政业。

尽量不要去第一产业和农、林、牧、渔业，因为那里的劳动力已经趋于饱和了。

以上即为新疆维吾尔自治区三次产业及其行业的就业去向。

（2）就资金比较收益而言，建筑业，金融业，批发和零售业，农、林、牧、渔业，制造业及住宿和餐饮业6个行业的资金比较收益均超过1，是投资相对理想的行业；而房地产业和交通运输、仓储和邮政业则是投资过剩的行业，应适当减少资金的进入，其过剩的资金要设法转移到前面6个行业中。

换言之，无论是西部地区还是全国各地，以至于全球到新疆的投资者，其投资的行业排序为：

建筑业，金融业，批发和零售业，农、林、牧、渔业，制造业，住宿和餐饮业。

尽量不要去房地产业及交通运输、仓储和邮政业，因为那里的投资已经严重过剩了。

以上即为新疆维吾尔自治区三次产业及其行业的投资去向。

（3）综合上述两项指标考虑，新疆的产业与行业投资与就业效益均好的行业是建筑业、金融业、制造业、住宿和餐饮业及批发和零售业，因为其劳动与资金的比较收益都超过1。

第三节　陕西省产业与行业的投资与就业指南

一、陕西省三次产业与行业的投资与就业结构现状

将陕西省三次产业与行业的产值、投资和就业状况（见表5-7、表5-8）及其相应的比较收益计算出来并进行比较，即可得出陕西省三次

产业与行业的投资与就业结构现状及其相应的比较收益。计算方法同上，其结果见表5－9、表5－10。

表5－7　陕西省三次产业的生产总值、固定资产投资总额和就业状况（2017年）

产业（i）	产业生产总值/亿元	固定资产投资总额/亿元	就业/万人
总计	21 898.8	23 819.4	2 072.0
第一产业	1 741.5	1 607.2	790.0
第二产业	10 882.9	5 697.9	347.0
第三产业	9 274.4	16 514.3	698.0

表5－8　陕西省各行业的生产总值、固定资产投资总额和就业状况（2017年）

行业（i）	行业生产总值/亿元	固定资产投资总额/亿元	就业/万人
农、林、牧、渔业	1 741.5	1 607.2	790.0
采矿业	—	685.0	43.1
制造业	8 691.8	3 782.9	178.8
电力、燃气及水的生产和供应业	—	1 220.5	14.2
建筑业	2 218.0	27.9	110.3
交通运输、仓储和邮政业	832.6	1 869.4	43.8
信息传输、计算机服务和软件业	—	225.0	20.0
批发和零售业	1 762.3	652.2	212.2
住宿和餐饮业	497.6	285.7	101.4
金融业	1 300.1	19.6	23.0
房地产业	861.5	5 076.4	22.3
租赁和商务服务业	—	328.1	21.1
科学研究、技术服务和地质勘查业	—	203.5	24.6
水利、环境和公共设施管理业	—	5 705.5	11.6
居民服务和其他服务业	—	147.1	49.5
教育业	—	584.8	60.7
卫生、社会保障和社会福利业	—	347.4	35.2
文化、体育和娱乐业	—	391.8	11.2
公共管理和社会组织	—	138.4	61.3

资料来源：《陕西统计年鉴2018》。其中信息传输、计算机服务和软件业以及租赁和商务服务业等细分行业的生产总值并未给出，均包含于其他服务业中。

表5－9 陕西省三次产业及其相应的GBC测度（2017年）

产业（i）	需求结构/%	就业结构/%	劳动比较收益	投资结构/%	资金比较收益
总计	100.00	100.00	—	100.00	—
第一产业	7.95	38.13	0.21	6.75	1.18
第二产业	49.70	16.75	2.97	23.92	2.08
第三产业	42.35	33.69	1.26	69.33	0.61

表5－10 陕西省各行业及其相应的GBC测度（2017年）

行业（i）	需求结构/%	就业结构/%	劳动比较收益	投资结构/%	资金比较收益
农、林、牧、渔业	7.95	38.13	0.21	6.75	1.18
采矿业	—	2.08	—	2.88	—
制造业	39.69	8.63	4.60	15.88	2.50
电力、燃气及水的生产和供应业	—	0.69	—	5.12	—
建筑业	10.13	5.32	1.90	0.12	86.47
交通运输、仓储和邮政业	3.80	2.11	1.80	7.85	0.48
信息传输、计算机服务和软件业	—	0.97	—	0.94	—
批发和零售业	8.05	10.24	0.79	2.74	2.94
住宿和餐饮业	2.27	4.89	0.46	1.20	1.89
金融业	5.94	1.11	5.35	0.08	72.15
房地产业	3.93	1.08	3.66	21.31	0.18
租赁和商务服务业	—	1.02	—	1.38	—
科学研究、技术服务和地质勘查业	—	1.19	—	0.85	—
水利、环境和公共设施管理业	—	0.56	—	23.95	—
居民服务和其他服务业	—	2.39	—	0.62	—
教育业	—	2.93	—	2.46	—
卫生、社会保障和社会福利业	—	1.70	—	1.46	—
文化、体育和娱乐业	—	0.54	—	1.64	—
公共管理和社会组织	—	2.96	—	0.58	—

表5－9、表5－10显示如下。

（1）就三次产业而言，陕西省的三次产业6个相关数据全都处于极不均衡状态。尤其第一产业的劳动比较收益仅为0.21，分别相当于第二、第三产业这一指标的0.07（0.21/2.97）和0.17（0.21/1.26）。而在资金比较收益方面，第一、第二产业短缺，分别为1.18、2.08，第三产业却又严重过剩，仅为0.61。

（2）就行业情况而言，陕西省的21个行业的相关数据原本应该有42个，但因缺乏若干原始数据，目前只有16个，而且全都处于极不均衡状态。其中，金融业，制造业，房地产业，建筑业及交通运输、仓储和邮政业5个行业的劳动比较收益均超过1，尤其，金融业的劳动比较收益为5.35，是这一指标最低行业——农、林、牧、渔业的25倍多（5.35/0.21）。而资金比较收益的不均衡更为突出，其中有建筑业，金融业，批发和零售业，制造业，住宿和餐饮业及农、林、牧、渔业6个行业的这一指标均超过1。尤其是建筑业的资金比较收益高达为86.47。而房地产业与交通运输、仓储和邮政业的这一指标又太低，分别为0.18、0.48，仅分别相当于建筑业的0.002 0（0.18/86.47）与0.005 5（0.48/86.47）。

因此，就劳动比较收益的高低而言，陕西省有数据的8个行业可做如下排序：

金融业，制造业，房地产业，建筑业，交通运输、仓储和邮政业，批发和零售业，住宿和餐饮业，农、林、牧、渔业。

就资金比较收益的高低而言，陕西省有数据的8个行业可做如下排序：

建筑业，金融业，批发和零售业，制造业，住宿和餐饮业，农、林、牧、渔业，交通运输、仓储和邮政业，房地产业。

二、陕西省三次产业及其行业的投资与就业的基本结论

（1）就劳动比较收益而言，金融业，制造业，房地产业，建筑业及交通运输、仓储和邮政业5个行业的劳动比较收益均超过1，是就业相对理想的行业；其余3个行业则是就业过剩行业，应适当减少劳动力进入，其过剩的劳动力要设法转移到前面5个行业中。

换言之，无论是西部地区还是全国各地，以至于全球到陕西省的就业者，其就业的产业为第二、第三产业，行业排序为：

金融业，制造业，房地产业，建筑业，交通运输、仓储和邮政业。

尽量不要去第一产业和除上述行业以外的其他行业，因为那里的劳动力已经趋于饱和了。

以上即为陕西省三次产业及其行业的就业去向。

（2）就资金比较收益而言，建筑业，金融业，批发和零售业，制造业，住宿和餐饮业及农、林、牧、渔业6个行业的资金比较收益均超过1，是投资相对理想的行业；而房地产业及交通运输、仓储和邮政业2个行业则投资过剩，应适当减少资金的进入，其过剩资金要设法转移到前面6个行业中。

换言之，无论是西部地区还是全国各地，以至于全球到陕西省的投资者，其投资的行业排序为：

建筑业，金融业，批发和零售业，制造业，住宿和餐饮业，农、林、牧、渔业。

尽量不要去房地产业及交通运输、仓储和邮政业2个行业，因为那里的投资已经严重过剩了。

以上即为陕西省三次产业及其行业的投资去向。

（3）综合上述两项指标考虑，陕西省的产业与行业投资与就业效益均好的行业是第二产业和金融业、建筑业、制造业，因为其劳动与资金的比较收益都超过1。

第四节　四川省产业与行业的投资与就业指南

一、四川省三次产业与行业的投资与就业结构现状

将四川省三次产业与行业的产值、投资和就业状况（见表5-11、表5-12）及其相应的比较收益计算出来并进行比较，即可得出四川省三次

产业与行业的投资与就业结构现状及其相应的比较收益计算。计算方法同上，其结果见表5－13、表5－14。

表5－11　四川省三次产业的生产总值、固定资产投资总额和就业状况（2017年）

产业（i）	产业生产总值/亿元	固定资产投资总额/亿元	就业/万人
总计	36 980.2	32 097.3	4 872.0
第一产业	4 262.4	1 350.8	1 792.9
第二产业	14 328.1	9 256.3	1 315.4
第三产业	18 389.8	21 490.2	1 763.7

表5－12　四川省各行业的生产总值、固定资产投资总额和就业状况（2017年）

行业（i）	行业生产总值/亿元	固定资产投资总额/亿元	就业/万人
农、林、牧、渔业	4 262.4	1 350.8	1 792.9
采矿业	—	484.6	100.5
制造业	11 576.2	6 978.1	612.0
电力、燃气及水的生产和供应业	—	1 725.0	38.9
建筑业	2 838.3	68.6	564.0
交通运输、仓储和邮政业	1 595.8	4 564.0	122.8
信息传输、计算机服务和软件业	—	286.7	84.5
批发和零售业	2 574.2	457.8	298.3
住宿和餐饮业	1 023.5	401.9	384.8
金融业	3 203.3	27.7	34.0
房地产业	2 039.8	2 760.9	51.2
租赁和商务服务业	—	532.9	68.3
科学研究、技术服务和地质勘查业	—	92.5	31.9
水利、环境和公共设施管理业	—	4 784.4	22.5
居民服务和其他服务业	—	59.3	345.1
教育业	—	711.2	107.0
卫生、社会保障和社会福利业	—	479.3	68.3
文化、体育和娱乐业	—	319.4	34.4
公共管理和社会组织	—	247.7	110.7

资料来源：《四川统计年鉴2018》。其中信息传输、计算机服务和软件业以及租赁和商务服务业等细分行业的生产总值并未给出，均包含于其他服务业中。

表5－13　四川省三次产业及其相应的GBC测度（2017年）

产业（i）	需求结构/%	就业结构/%	劳动比较收益	投资结构/%	资金比较收益
总计	100.00	100.00	—	100.00	—
第一产业	11.53	36.80	0.31	4.21	2.74
第二产业	38.75	27.00	1.44	28.84	1.34
第三产业	49.73	36.20	1.37	66.95	0.74

表5－14　四川省各行业结构及其相应的GBC测度（2017年）

行业（i）	需求结构/%	就业结构/%	劳动比较收益	投资结构/%	资金比较收益
农、林、牧、渔业	11.53	36.80	0.31	4.21	2.74
采矿业	—	2.06	—	1.51	—
制造业	31.30	12.56	2.49	21.74	1.44
电力、燃气及水的生产和供应业	—	0.80	—	5.37	—
建筑业	7.68	11.58	0.66	0.21	35.91
交通运输、仓储和邮政业	4.32	2.52	1.71	14.22	0.30
信息传输、计算机服务和软件业	—	1.73	—	0.89	—
批发和零售业	6.96	6.12	1.14	1.43	4.88
住宿和餐饮业	2.77	7.90	0.35	1.25	2.21
金融业	8.66	0.70	12.41	0.09	100.37
房地产业	5.52	1.05	5.25	8.60	0.64
租赁和商务服务业	—	1.40	—	1.66	—
科学研究、技术服务和地质勘查业	—	0.65	—	0.29	—
水利、环境和公共设施管理业	—	0.46	—	14.91	—
居民服务和其他服务业	—	7.08	—	0.18	—
教育业	—	2.20	—	2.22	—
卫生、社会保障和社会福利业	—	1.40	—	1.49	—
文化、体育和娱乐业	—	0.71	—	1.00	—
公共管理和社会组织	—	2.27	—	0.77	—

表5－13、表5－14显示如下。

（1）就三次产业而言，四川省的三次产业6个相关数据全都处于极不均衡状态。尤其第一产业的劳动比较收益太低，仅为 0.31，分别相当于第二、第三产业这一指标的 0.22（0.31/1.44）和 0.23（0.31/1.37）。而在资金比较收益方面，第一、第二产业短缺，分别为 2.74 和 1.34，而第三产业又过剩，仅为 0.74。

（2）就行业情况而言，四川省 21 个行业的相关数据原本应该有 42 个，但因缺乏若干原始数据，目前只有 16 个，故只能讨论已有数据的情况：全都处于极不均衡状态。其中，金融业，房地产业，制造业，交通运输、仓储和邮政业及批发和零售业 5 个行业的劳动比较收益都超过 1，尤其金融业的劳动比较收益为 12.41，是这一指标最低行业——农、林、牧、渔业的 40 倍之多（12.41/0.31）。而资金比较收益的不均衡更为突出，其中金融业，建筑业，批发和零售业，农、林、牧、渔业，住宿和餐饮业及制造业 6 个行业的这一指标均超过 1。尤其是金融业的资金比较收益为 100.37。而交通运输、仓储和邮政业及房地产业的这一指标太低，分别为 0.30 和 0.64，仅相当于金融业的 0.002 9（0.30/100.37）和 0.006 3（0.64/100.37）、建筑业的 0.0083（0.30/35.91）和 0.178（0.64/35.91）、批发和零售业的 0.061 5（0.30/4.88）和 0.131 2（0.64/4.88）、农、林、牧、渔业的 0.109 5（0.30/2.74）和 0.233 6（0.64/2.74）、住宿和餐饮业的 0.135 8（0.30/2.21）和 0.289 6（0.64/2.21），以及制造业的 0.208 4（0.30/1.44）和 0.444 5（0.64/1.44）。

因此，就劳动比较收益的高低而言，四川省有数据的 8 个行业可做如下排序：

金融业，房地产业，制造业，交通运输、仓储和邮政业，批发和零售业，建筑业，住宿和餐饮业，农、林、牧、渔业。

就资金比较收益的高低而言，四川省有数据的 8 个行业可做如下排序：

金融业，建筑业，批发和零售业，农、林、牧、渔业，住宿和餐饮业，制造业，房地产业，交通运输、仓储和邮政业。

二、四川省三次产业及其行业的投资与就业的基本结论

（1）就劳动比较收益而言，只有金融业，房地产业，制造业，交通运输、仓储和邮政业及批发和零售业5个行业的劳动比较收益均超过1，是就业相对理想的行业；其余3个行业则是就业过剩行业，应适当减少劳动力进入，其过剩的劳动力要设法转移到前面5个行业中。

换言之，无论是西部地区还是全国各地，以至于全球到四川省的就业者，其就业的产业为第二、第三产业，行业排序为：

金融业，房地产业，制造业，交通运输、仓储和邮政业，批发和零售业。

尽量不要去第一产业和除上述行业以外的其他行业，因为那里的劳动力已经趋于饱和了。

以上即为四川省三次产业及其行业的就业去向。

（2）就资金比较收益而言，金融业，建筑业，批发和零售业，农、林、牧、渔业，住宿和餐饮业及制造业6个行业的资金比较收益均超过1，是投资相对理想的行业；而交通运输、仓储和邮政业及房地产业2个行业则是投资过剩的行业，应适当减少资金的进入，其过剩的资金要设法转移到前面6个行业中。

换言之，无论是西部地区还是全国各地，以至于全球到四川省的投资者，其投资的行业排序为：

金融业，建筑业，批发和零售业，农、林、牧、渔业，住宿和餐饮业，制造业。

尽量不要去交通运输、仓储和邮政业和房地产业2个行业，因为那里的投资已经严重过剩了。

以上即为四川省三次产业及其行业的投资去向。

（3）综合上述两项指标考虑，四川省的产业与行业投资与就业效益均

好的行业是金融业、制造业及批发和零售业，因为其劳动与资金的比较收益都超过1。

第五节　贵州省产业与行业的投资与就业指南

一、贵州省三次产业与行业的投资与就业结构现状

将贵州省三次产业与行业的产值、投资和就业状况（见表5－15、表5－16）及其相应的比较收益计算出来并进行比较，即可得出贵州省三次产业与行业的投资与就业结构现状及其相应的比较收益。计算方法同上，其结果见表5－17、表5－18。

表5－15　贵州省三次产业的生产总值、固定资产投资总额和就业状况（2017年）

产业（i）	产业生产总值/亿元	固定资产投资总额/亿元	就业/万人
总计	13 540.8	15 288.0	2 023.2
第一产业	2 032.3	375.3	1 123.8
第二产业	5 428.1	2 551.8	366.0
第三产业	6 080.4	12 361.0	533.4

表5－16　贵州省各行业的生产总值、固定资产投资总额和就业状况（2017年）

行业（i）	行业生产总值/亿元	固定资产投资总额/亿元	就业/万人
农、林、牧、渔业	2 032.3	375.3	1 123.8
采矿业	—	467.9	44.6
制造业	4 260.5	1 581.2	134.6
电力、燃气及水的生产和供应业	—	488.4	31.2
建筑业	1 169.5	17.9	155.6
交通运输、仓储和邮政业	1 070.2	2 362.3	31.2
信息传输、计算机服务和软件业	—	180.9	9.8
批发和零售业	812.7	293.0	32.7
住宿和餐饮业	439.2	259.0	7.5

续表

行业（i）	行业生产总值/亿元	固定资产投资总额/亿元	就业/万人
金融业	787.9	17.5	23.5
房地产业	283.1	3 589.9	24.5
租赁和商务服务业	—	298.1	18.5
科学研究、技术服务和地质勘查业	—	59.4	18.5
水利、环境和公共设施管理业	—	3908.2	13.5
居民服务和其他服务业	—	69.4	4.4
教育业	—	428.1	139.7
卫生、社会保障和社会福利业	—	189.4	58.2
文化、体育和娱乐业	—	290.4	6.2
公共管理和社会组织	—	61.1	145.1

资料来源：《贵州统计年鉴2018》。其中信息传输、计算机服务和软件业以及租赁和商务服务业等细分行业的生产总值并未给出，均包含于其他服务业中。

表5－17　贵州省三次产业及其相应的GBC测度（2017年）

产业（i）	需求结构/%	就业结构/%	劳动比较收益	投资结构/%	资金比较收益
总计	100.00	100.00	—	100.00	—
第一产业	15.01	55.55	0.27	2.45	6.11
第二产业	40.09	18.09	2.22	16.69	2.40
第三产业	44.90	26.36	1.70	80.85	0.56

表5－18　贵州省各行业结构及其相应的GBC测度（2017年）

行业（i）	需求结构/%	就业结构/%	劳动比较收益	投资结构/%	资金比较收益
农、林、牧、渔业	15.01	55.55	0.27	2.45	6.11
采矿业	—	2.20	—	3.06	—
制造业	31.46	6.65	4.73	10.34	3.04
电力、燃气及水的生产和供应业	—	1.54	—	3.19	—
建筑业	8.64	7.69	1.12	0.12	73.77
交通运输、仓储和邮政业	7.90	1.54	5.13	15.45	0.51

续表

行业（i）	需求结构/%	就业结构/%	劳动比较收益	投资结构/%	资金比较收益
信息传输、计算机服务和软件业	—	0.48	—	1.18	—
批发和零售业	6.00	1.62	3.71	1.92	3.13
住宿和餐饮业	3.24	0.37	8.75	1.69	1.91
金融业	5.82	1.16	5.01	0.11	50.83
房地产业	2.09	1.21	1.73	23.48	0.09
租赁和商务服务业	—	0.91	—	1.95	—
科学研究、技术服务和地质勘查业	—	0.91	—	0.39	—
水利、环境和公共设施管理业	—	0.67	—	25.56	—
居民服务和其他服务业	—	0.22	—	0.45	—
教育业	—	6.90	—	2.80	—
卫生、社会保障和社会福利业	—	2.88	—	1.24	—
文化、体育和娱乐业	—	0.31	—	1.90	—
公共管理和社会组织	—	7.17	—	0.40	—

表5－17、表5－18显示如下。

（1）就三次产业而言，贵州省的三次产业6个相关数据全都处于极不均衡状态。尤其第一产业的劳动比较收益仅为0.27，分别相当于第二、第三产业这一指标的0.12（0.27/2.22）与0.16（0.27/1.70）；而在资金的比较收益方面，第一、第二产业严重短缺，分别为6.11与2.40，第三产业却又严重过剩，仅为0.56。

（2）就行业情况而言，贵州省的21个行业的相关数据原本应该有42个，但因缺乏许多原始数据，目前只有16个，全都处于极不均衡状态。其中，住宿和餐饮业，交通运输、仓储和邮政业，金融业，制造业，批发和零售业，房地产业及建筑业7个行业的劳动比较收益都超过1，尤其住宿和餐饮业的劳动比较收益为8.75，是这一指标最低行业——农、林、牧、渔业的32倍多（8.75/0.27）。而资金比较收益的不均衡更为突出，其中建筑业，金融业，农、林、牧、渔业，批发和零售业，制造业及住宿和餐饮业 6 个行业的这一指标均超过 1。尤其是建筑业的资金比较收益为 73.77。而房地产业的这一指标太低，只有 0.09，仅相当于建筑业的 0.001 2（0.09/73.77），金融业的 0.001 7（0.09/50.83），农、林、牧、渔业的 0.014 7（0.09/6.11），批发和零售业的 0.028 7（0.09/3.13），以及住宿和餐饮业的 0.047 1（0.09/1.91）。

因此，就劳动比较收益的高低而言，贵州省有数据的 8 个行业可做如下排序：

住宿和餐饮业，交通运输、仓储和邮政业，金融业，制造业，批发和零售业，房地产业，建筑业，农、林、牧、渔业。

就资金比较收益的高低而言，贵州省有数据的 8 个行业可做如下排序：

建筑业，金融业，农、林、牧、渔业，批发和零售业，制造业，住宿和餐饮业，交通运输、仓储和邮政业，房地产业。

二、贵州省三次产业及其行业的投资与就业的基本结论

（1）就劳动比较收益而言，住宿和餐饮业，交通运输、仓储和邮政业，金融业，制造业，批发和零售业，房地产业及建筑业 7 个行业的劳动比较收益均超过 1，是就业相对理想的行业；而农、林、牧、渔业是就业过剩行业，应适当减少劳动力进入，其过剩的劳动力要设法转移到前面 7 个行业中。

换言之，无论是西部地区还是全国各地，以至于全球到贵州省的就业者，其就业的行业排序为：

住宿和餐饮业，交通运输、仓储和邮政业，金融业，制造业，批发和零售业，房地产业，建筑业。

尽量不要去第一产业，因为那里的劳动力已经趋于饱和了。

以上即为贵州省三次产业及其行业的就业去向。

（2）就资金比较收益而言，建筑业，金融业，农、林、牧、渔业，批

发和零售业，制造业及住宿和餐饮业 6 个行业的资金比较收益均超过 1，是投资相对理想的行业；而房地产业与交通运输、仓储和邮政业 2 个行业是投资过剩的行业，应适当减少资金的进入，其过剩资金要设法往前面 6 个行业转移。

换言之，无论是西部地区还是全国各地，以至于全球到贵州省的投资者，其投资的行业排序为：

建筑业，金融业，农、林、牧、渔业，批发和零售业，制造业，住宿和餐饮业。

尽量不要去房地产业，及交通运输、仓储和邮政业 2 个行业，因为那里的投资已经严重过剩了。

以上即为贵州省三次产业及其行业的投资去向。

（3）综合上述两项指标考虑，贵州省的产业与行业投资与就业效益均好的行业就是住宿和餐饮业、建筑业、金融业、制造业及批发和零售业，因为其劳动与资金的比较收益都超过 1。

第六节　青海省产业与行业的投资与就业指南

一、青海省三次产业与行业的投资与就业结构现状

将青海省三次产业与行业的产值、投资和就业状况（见表 5－19、表 5－20）及其相应的比较收益计算出来并进行比较，即可得出青海省三次产业与行业的投资与就业结构现状及其相应的比较收益。计算方法同上，其结果见表 5－21、表 5－22。

表5－19　青海省三次产业的生产总值、固定资产投资总额和就业状况（2017年）

产业（*i*）	产业生产总值/亿元	固定资产投资总额/亿元	就业/万人
总计	2 624.8	3897.1	327.0
第一产业	238.4	137.6	114.8
第二产业	1 162.4	1308.7	73.3
第三产业	1 224.0	2 450.9	138.9

表5－20　青海省各行业的生产总值、固定资产投资总额和就业状况（2017年）

行业（*i*）	行业生产总值/亿元	固定资产投资总额/亿元	就业/万人
农、林、牧、渔业	238.4	137.6	114.8
采矿业	179.8	98.5	8.3
制造业	426.8	734.2	36.3
电力、燃气及水的生产和供应业	171.0	360.4	5.6
建筑业	384.9	103.9	23.1
交通运输、仓储和邮政业	103.7	453.6	13.1
信息传输、计算机服务和软件业	88.0	18.0	2.7
批发和零售业	169.2	32.6	23.9
住宿和餐饮业	49.0	42.5	6.2
金融业	274.6	1.0	5.4
房地产业	60.9	255.2	8.2
租赁和商务服务业	54.4	72.6	9.9
科学研究、技术服务和地质勘查业	35.6	12.3	6.1
水利、环境和公共设施管理业	8.6	488.4	3.3
居民服务和其他服务业	24.5	9.8	3.1
教育业	75.0	64.3	17.9
卫生、社会保障和社会福利业	41.7	42.8	11.1
文化、体育和娱乐业	23.8	67.1	2.4
公共管理和社会组织	211.5	127.9	25.7

资料来源：《青海统计年鉴2018》。

表5－21　青海省三次产业及其相应的GBC测度（2017年）

产业（i）	需求结构/%	就业结构/%	劳动比较收益	投资结构/%	资金比较收益
总计	100.00	100.00	—	100.00	—
第一产业	9.08	35.11	0.26	3.53	2.57
第二产业	44.29	22.42	1.98	33.58	1.32
第三产业	46.63	42.48	1.10	62.89	0.74

表5－22　青海省各行业结构及其相应的GBC测度（2017年）

行业（i）	需求结构/%	就业结构/%	劳动比较收益	投资结构/%	资金比较收益
农、林、牧、渔业	9.08	35.11	0.26	3.53	2.57
采矿业	6.85	2.54	2.70	2.53	2.71
制造业	16.26	11.10	1.46	18.84	0.86
电力、燃气及水的生产和供应业	6.51	1.71	3.80	9.25	0.70
建筑业	14.66	7.06	2.08	2.67	5.50
交通运输、仓储和邮政业	3.95	4.01	0.99	11.64	0.34
信息传输、计算机服务和软件业	3.35	0.83	4.06	0.46	7.26
批发和零售业	6.45	7.31	0.88	0.84	7.71
住宿和餐饮业	1.87	1.90	0.98	1.09	1.71
金融业	10.46	1.65	6.34	0.03	407.70
房地产业	2.32	2.51	0.93	6.55	0.35
租赁和商务服务业	2.07	3.03	0.68	1.86	1.11
科学研究、技术服务和地质勘查业	1.36	1.87	0.73	0.32	4.30
水利、环境和公共设施管理业	0.33	1.01	0.32	12.53	0.03
居民服务和其他服务业	0.93	0.95	0.98	0.25	3.71
教育业	2.86	5.47	0.52	1.65	1.73
卫生、社会保障和社会福利业	1.59	3.39	0.47	1.10	1.45
文化、体育和娱乐业	0.91	0.73	1.24	1.72	0.53
公共管理和社会组织	8.06	7.86	1.03	3.28	2.46

表5－21、表5－22显示如下。

（1）就三次产业而言，青海省的三次产业6个相关数据全都处于极不均衡状态。尤其第一产业的劳动比较收益 0.26，分别是第二、第三产业这一指标的 0.13（0.26/1.98）与 0.24（0.26/1.10）。而在资金比较收益方面，第一、第二产业严重短缺，分别为 2.57 与 1.32，第三产业却又严重过剩，仅为 0.74。

（2）就行业情况而言，青海省的 21 个行业的相关数据原本应该有 42 个，但缺乏一些原始数据，目前虽有 38 个，但只有 4 个数据（公共管理和社会组织，交通运输、仓储和邮政业，居民服务和其他服务业，住宿和餐饮业的劳动比较收益分别为 1.03、0.99、0.98、0.98）属于基本均衡，即 89% 均处于极不均衡状态。其中，金融业，信息传输、计算机服务和软件业，电力、燃气及水的生产和供应业，采矿业，建筑业，制造业，文化、体育和娱乐业，公共管理和社会组织 8 个行业的劳动比较收益都超过 1，尤其金融业的劳动比较收益为 6.34，是这一指标最低行业——农、林、牧、渔业的 24 倍多（6.34/0.26）。而资金比较收益的不均衡更为突出，其中金融业，批发和零售业，信息传输、计算机服务和软件业，建筑业，科学研究、技术服务和地质勘查业，居民服务和其他服务业，文化、体育和娱乐业，农、林、牧、渔业，公共管理和社会组织，教育业，住宿和餐饮业，卫生、社会保障和社会福利业及租赁和商务服务业 13 个行业的这一指标均超过 1。尤其是金融业的资金比较收益高达 407.70。而水利、环境和公共设施管理业的这一指标太低，只有 0.03，仅相当于金融业的 0.000 1（0.03/407.70），批发和零售业的 0.003 9（0.03/7.71），信息传输、计算机服务和软件业的 0.004 1（0.03/7.26），建筑业的 0.005 5（0.03/5.50），以及科学研究、技术服务和地质勘查业的 0.007（0.03/4.30）。

因此，就劳动比较收益的高低而言，青海省有数据的 19 个行业可做如下排序：

金融业，信息传输、计算机服务和软件业，电力、燃气及水的生产和供应业，采矿业，建筑业，制造业，文化、体育和娱乐业，公共管理和社会组织，交通运输、仓储和邮政业，居民服务和其他服务业，住宿和餐饮业，房地产业，批发和零售业，科学研究、技术服务和地质勘查业，租赁和商务服务业，教育业，卫生、社会保障和社会福利业，水利、环境和公共设施管理业，农、林、牧、渔业。

就资金比较收益的高低而言，青海省有数据的 19 个行业可做如下排序：

金融业，批发和零售业，信息传输、计算机服务和软件业，建筑业，科学研究、技术服务和地质勘查业，居民服务和其他服务业，采矿业，农、林、牧、渔业，公共管理和社会组织，教育业，住宿和餐饮业，卫生、社会保障和社会福利业，租赁和商务服务业，制造业，电力、燃气及水的生产和供应业，文化、体育和娱乐业，房地产业，交通运输、仓储和邮政业，水利、环境和公共设施管理业。

二、青海省三次产业及其行业的投资与就业的基本结论

（1）就劳动比较收益而言，金融业，信息传输、计算机服务和软件业，电力、燃气及水的生产和供应业，采矿业，建筑业，制造业，文化、体育和娱乐业及公共管理和社会组织 8 个行业的劳动比较收益均超过 1，是就业相对理想的行业；而农、林、牧、渔业，水利、环境和公共设施管理业，卫生、社会保障和社会福利业，教育业，租赁和商务服务业，制造业，科学研究、技术服务和地质勘查业，批发和零售业，及房地产业 9 个行业是就业过剩行业，应适当减少劳动力进入，其过剩的劳动力要设法转移到前面 8 个行业中。

换言之，无论是西部地区还是全国各地，以至于全球到青海省的就业者，其就业的产业为第二、第三产业，行业排序为：

金融业，信息传输、计算机服务和软件业，电力、燃气及水的生产和供应业，采矿业，建筑业，制造业，文化、体育和娱乐业，公共管理和社

会组织。

尽量不要去第一产业和除上述行业以外的其他行业，因为那里的劳动力已经趋于饱和了。

以上即为青海省三次产业及其行业的就业去向。

（2）就资金比较收益而言，金融业，批发和零售业，信息传输、计算机服务和软件业，建筑业，科学研究、技术服务和地质勘查业，居民服务和其他服务业，采矿业，农、林、牧、渔业，公共管理和社会组织，教育业，住宿和餐饮业，卫生、社会保障和社会福利业及租赁和商务服务业13个行业的资金比较收益均超过1，是投资相对理想的行业；而水利、环境和公共设施管理业，交通运输、仓储和邮政业，房地产业，文化、体育和娱乐业，电力、燃气及水的生产和供应业及制造业6个行业则是投资过剩的行业，应适当减少资金的进入，其过剩资金要设法转移到前面13个行业中。

换言之，无论是西部地区还是全国各地，以至于全球到青海省的投资者，其投资的行业排序为：

金融业，批发和零售业，信息传输、计算机服务和软件业，建筑业，科学研究、技术服务和地质勘查业，居民服务和其他服务业，采矿业，农、林、牧、渔业，公共管理和社会组织，教育业，住宿和餐饮业，卫生、社会保障和社会福利业，租赁和商务服务业。

尽量不要去水利、环境和公共设施管理业，交通运输、仓储和邮政业，房地产业，文化、体育和娱乐业，电力、燃气及水的生产和供应业及制造业6个行业，因为那里的投资已经严重过剩了。

以上即为青海省三次产业及其行业的投资去向。

（3）综合上述两项指标考虑，青海省的行业投资与就业效益均好的行业是金融业，信息传输、计算机服务和软件业，采矿业，建筑业，公共管理和社会组织，因为其劳动与资金的比较收益都超过1。最差的是水利、环境和公共设施管理业。

第七节　甘肃省产业与行业的投资与就业指南

一、甘肃省三次产业与行业的投资与就业结构现状

将甘肃省三次产业与行业的产值、投资和就业状况（见表5－23、表5－24）及其相应的比较收益计算出来并进行比较，即可得出甘肃省三次产业与行业的投资与就业结构现状及其相应的比较收益。计算方法同上，其结果见表5－25、表5－26。

表5－23　甘肃省三次产业的生产总值、固定资产投资总额和就业状况（2017年）

产业（i）	产业生产总值/亿元	固定资产投资总额/亿元	就业/万人
总计	7 459.9	4 751.8	1 553.8
第一产业	859.8	382.0	852.4
第二产业	2 561.8	1 188.3	244.3
第三产业	4 038.4	3 181.5	457.1

表5－24　甘肃省各行业的生产总值、固定资产投资总额和就业状况（2017年）

行业（i）	行业生产总值/亿元	固定资产投资总额/亿元	就业/万人
农、林、牧、渔业	859.8	382.0	852.4
采矿业	—	87.3	24.0
制造业	1 763.4	540.8	82.1
电力、燃气及水的生产和供应业	—	371.3	32.7
建筑业	811.4	189.0	105.5
交通运输、仓储和邮政业	293.5	956.6	37.7
信息传输、计算机服务和软件业	—	52.8	8.2
批发和零售业	563.2	177.1	22.0
住宿和餐饮业	229.9	102.7	9.0
金融业	553.6	6.2	23.9
房地产业	274.3	332.5	14.9

续表

行业（i）	行业生产总值/亿元	固定资产投资总额/亿元	就业/万人
租赁和商务服务业	—	94.1	15.0
科学研究、技术服务和地质勘查业	—	38.7	20.2
水利、环境和公共设施管理业	—	777.3	18.2
居民服务和其他服务业	—	76.0	0.8
教育业	—	151.7	108.4
卫生、社会保障和社会福利业	—	105.3	43.6
文化、体育和娱乐业	—	130.4	8.0
公共管理和社会组织	—	180.0	127.2

资料来源：《甘肃发展年鉴2018》。其中信息传输、计算机服务和软件业以及租赁和商务服务业等细分行业的生产总值并未给出，均包含于其他服务业中。

表5-25　甘肃省三次产业及其相应的GBC测度（2017年）

产业（i）	需求结构/%	就业结构/%	劳动比较收益	投资结构/%	资金比较收益
总计	100.00	100.00	—	100.00	—
第一产业	11.53	54.86	0.21	8.04	1.43
第二产业	34.34	15.72	2.18	25.01	1.37
第三产业	54.13	29.42	1.84	66.95	0.81

表5-26　甘肃省各行业结构及其相应的GBC测度（2017年）

行业（i）	需求结构/%	就业结构/%	劳动比较收益	投资结构/%	资金比较收益
农、林、牧、渔业	11.53	54.86	0.21	8.04	1.43
采矿业	—	1.54	—	1.84	—
制造业	23.64	5.28	4.47	11.38	2.08
电力、燃气及水的生产和供应业	—	2.10	—	7.81	—
建筑业	10.88	6.79	1.60	3.98	2.73
交通运输、仓储和邮政业	3.93	2.43	1.62	20.13	0.20
信息传输、计算机服务和软件业	—	0.53	—	1.11	—
批发和零售业	7.55	1.42	5.33	3.73	2.03

续表

行业（i）	需求结构/%	就业结构/%	劳动比较收益	投资结构/%	资金比较收益
住宿和餐饮业	3.08	0.58	5.32	2.16	1.43
金融业	7.42	1.54	4.82	0.13	56.88
房地产业	3.68	0.96	3.83	7.00	0.53
租赁和商务服务业	—	0.97	—	1.98	—
科学研究、技术服务和地质勘查业	—	1.30	—	0.81	—
水利、环境和公共设施管理业	—	1.17	—	16.36	—
居民服务和其他服务业	—	0.05	—	1.60	—
教育业	—	6.98	—	3.19	—
卫生、社会保障和社会福利业	—	2.81	—	2.22	—
文化、体育和娱乐业	—	0.51	—	2.74	—
公共管理和社会组织	—	8.19	—	3.79	—

表5－25、表5－26显示如下。

（1）就三次产业而言，甘肃省的三次产业6个相关数据全都处于极不均衡状态。尤其第一产业的劳动比较收益仅为0.21，约分别是第二、第三产业这一指标的0.096（0.21/2.18）和0.114（0.21/1.84），表明第一产业的劳动力太过剩。而在资金比较收益方面，第一、第二产业相对短缺，分别为1.43与1.37，第三产业却又相对过剩，仅为0.81。

（2）就行业情况而言，甘肃省21个行业的相关数据原本应该有42个，但因缺乏许多原始数据，目前只有16个，全都处于极不均衡状态。其中，批发和零售业，住宿和餐饮业，金融业，制造业，房地产业，农、林、牧、渔业及房地产业7个行业的劳动比较收益都超过1，尤其批发和零售业的劳动比较收益为5.33，是这一指标最低行业——农、林、牧、渔业的25倍多（5.33/0.21）。而资金比较收益的不均衡就更加严重了，金融业，建筑业，制造业，批发和零售业，农、林、牧、渔业及住宿和餐饮业6个行业的这一指标均超过1。尤其金融业的资金比较收益高达56.88。而交通运输、仓储和邮政业的这一指标太低，只有0.20，仅相当于金融业的0.003 5（0.20/

56.88)，建筑业的0.073 2（0.20/2.73），制造业的0.096 1（0.20/2.08），批发和零售业的0.098 5（0.20/2.03），农、林、牧、渔业的0.139 8（0.20/1.43），以及住宿和餐饮业的0.139 8（0.20/1.43）。

因此，就劳动比较收益的高低而言，甘肃省有数据的8个行业可做如下排序：

批发和零售业，住宿和餐饮业，金融业，制造业，房地产业，交通运输、仓储和邮政业，建筑业，农、林、牧、渔业。

就资金比较收益的高低而言，甘肃省有数据的8个行业可做如下排序：

金融业，建筑业，制造业，批发和零售业，农、林、牧、渔业，住宿和餐饮业，房地产业，交通运输、仓储和邮政业。

二、甘肃省三次产业及其行业的投资与就业的基本结论

（1）就劳动比较收益而言，批发和零售业，住宿和餐饮业，金融业，制造业，房地产业，交通运输、仓储和邮政业及建筑业7个行业的劳动比较收益均超过1，是就业相对理想的行业；而农、林、牧、渔业是就业过剩行业，应适当减少劳动力进入，其过剩的劳动力要设法转移到前面7个行业中。

换言之，无论是西部地区还是全国各地，以至于全球到甘肃省的就业者，其就业的产业为第二、第三产业，行业排序为：

批发和零售业，住宿和餐饮业，金融业，制造业，房地产业，交通运输、仓储和邮政业，建筑业。

尽量不要去第一产业，因为那里的劳动力已经趋于饱和了。

以上即为甘肃省三次产业及其行业的就业去向。

（2）就资金比较收益而言，金融业，建筑业，制造业，批发和零售业，农、林、牧、渔业及住宿和餐饮业6个行业的资金比较收益均超过1，是投资相对理想的行业；而交通运输、仓储和邮政业及房地产业则是投资过剩的2个行业，应适当减少资金的进入，其过剩资金要设法转移到前面

6 个行业中。

换言之，无论是西部地区还是全国各地，以至于全球到甘肃省的投资者，其投资的行业排序为：

金融业，建筑业，制造业，批发和零售业，农、林、牧、渔业，住宿和餐饮业。

尽量不要去交通运输、仓储和邮政业及房地产业 2 个行业，因为那里的投资已经严重过剩了。

以上即为甘肃省三次产业及其行业的投资去向。

（3）综合上述两项指标考虑，甘肃省投资与就业效益均好的行业是金融业，批发和零售业，住宿和餐饮业，制造业及建筑业，因为其劳动与资金的比较收益都超过 1。

第八节　宁夏回族自治区产业与行业的投资与就业指南

一、宁夏回族自治区三次产业与行业的投资与就业结构现状

将宁夏三次产业与行业的产值、投资和就业状况（见表 5－27、表 5－28）及其相应的比较收益计算出来并进行比较，即可得出宁夏三次产业与行业的投资与就业结构现状及其相应的比较收益。计算方法同上，其结果见表 5－29、表 5－30。

表 5－27　宁夏三次产业的生产总值、固定资产投资总额和就业状况（2017 年）

产业（i）	产业生产总值/亿元	固定资产投资总额/亿元	就业/万人
总计	3 443.6	3 813.4	375.9
第一产业	250.6	260.7	153.5
第二产业	1 580.6	1 372.9	67.8
第三产业	1 612.4	2 179.8	154.6

表5－28 宁夏各行业的生产总值、固定资产投资总额和就业状况（2017年）

行业（i）	行业生产总值/亿元	固定资产投资总额/亿元	就业/万人
农、林、牧、渔业	250.6	260.7	153.5
采矿业	272.1	149.0	6.6
制造业	636.1	815.8	34.6
电力、燃气及水的生产和供应业	188.0	392.5	5.4
建筑业	484.4	15.5	21.2
交通运输、仓储和邮政业	199.3	415.1	21.3
信息传输、计算机服务和软件业	173.4	72.6	3.2
批发和零售业	160.9	42.0	38.2
住宿和餐饮业	58.7	16.6	19.9
金融业	314.7	3.0	4.6
房地产业	120.8	816.4	5.0
租赁和商务服务业	50.1	27.5	6.9
科学研究、技术服务和地质勘查业	39.7	28.4	2.6
水利、环境和公共设施管理业	27.7	467.2	3.1
居民服务和其他服务业	81.2	7.6	15.1
教育业	122.0	68.1	10.3
卫生、社会保障和社会福利业	57.8	86.4	7.5
文化、体育和娱乐业	17.2	55.7	3.6
公共管理和社会组织	173.2	73.3	13.3

资料来源：《宁夏统计年鉴2018》。

表5－29 宁夏三次产业与行业结构及其相应的GBC测度（2017年）

产业（i）	需求结构/%	就业结构/%	劳动比较收益	投资结构/%	资金比较收益
总计	100.00	100.00	—	100.00	—
第一产业	7.28	40.84	0.18	6.84	1.06
第二产业	45.90	18.04	2.54	36.00	1.27
第三产业	46.82	41.13	1.14	57.16	0.82

表 5－30　宁夏各行业结构及其相应的 GBC 测度（2017 年）

行业（i）	需求结构/%	就业结构/%	劳动比较收益	投资结构/%	资金比较收益
农、林、牧、渔业	7.28	40.84	0.18	6.84	1.06
采矿业	7.90	1.76	4.50	3.91	2.02
制造业	18.47	9.20	2.01	21.39	0.86
电力、燃气及水的生产和供应业	5.46	1.44	3.80	10.29	0.53
建筑业	14.07	5.64	2.49	0.41	34.61
交通运输、仓储和邮政业	5.79	5.67	1.02	10.89	0.53
信息传输、计算机服务和软件业	5.04	0.85	5.92	1.90	2.64
批发和零售业	4.67	10.16	0.46	1.10	4.24
住宿和餐饮业	1.70	5.29	0.32	0.44	3.92
金融业	9.14	1.22	7.47	0.08	116.16
房地产业	3.51	1.33	2.64	21.41	0.16
租赁和商务服务业	1.45	1.84	0.79	0.72	2.02
科学研究、技术服务和地质勘查业	1.15	0.69	1.67	0.74	1.55
水利、环境和公共设施管理业	0.80	0.82	0.98	12.25	0.07
居民服务和其他服务业	2.36	4.02	0.59	0.20	11.83
教育业	3.54	2.74	1.29	1.79	1.98
卫生、社会保障和社会福利业	1.68	2.00	0.84	2.27	0.74
文化、体育和娱乐业	0.50	0.96	0.52	1.46	0.34
公共管理和社会组织	5.03	3.54	1.42	1.92	2.62

表 5－29、表 5－30 显示如下。

（1）就三次产业而言，宁夏的三次产业 6 个相关数据全都处于极不均衡状态。尤其第一产业的劳动比较收益仅为 0.18，约分别是第二、第三产业这一指标的 0.070（0.18/2.54）和 0.016（0.18/1.14）。而在资金比较收益方面，第二产业较短缺，为 1.27，第三产业却又较过剩，为 0.82。

（2）就行业情况而言，宁夏 21 个行业的相关数据原本应该有 42 个，但因缺乏若干原始数据，目前有 36 个，故只能讨论已有数据的情况：只有交通运输、仓储和邮政业及水利、环境和公共设施管理业的劳动比较收益分别为 1.02 和 0.98，属基本均衡，其余都处于极不均衡状态。其中金融业，信息传输、计算机服务和软件业，采矿业，电力、燃气及水的生产和供应业，房地产业，建筑业，制造业，科学研究、技术服务和地质勘查业，公共管理和社会组织，教育业及交通运输、仓储和邮政业 11 个行业的劳动比较收益都超过 1。

因此，就劳动比较收益的高低而言，宁夏有数据的 19 个行业可做如下排序：

金融业，信息传输、计算机服务和软件业，采矿业，电力、燃气及水的生产和供应业，房地产业，建筑业，制造业，科学研究、技术服务和地质勘查业，公共管理和社会组织，教育业，交通运输、仓储和邮政业，水利、环境和公共设施管理业，卫生、社会保障和社会福利业，租赁和商务服务业，居民服务和其他服务业，文化、体育和其他娱乐业，批发和零售业，住宿和餐饮业，农、林、牧、渔业。

而资金的比较收益又太不均衡，其中金融业，建筑业，居民服务和其他服务业，批发和零售业，住宿和餐饮业，信息传输、计算机服务和软件业，公共管理和社会组织，采矿业，租赁和商务服务业，教育业，科学研究、技术服务和地质勘查业及农、林、牧、渔业 12 个行业的这一指标均超过 1，尤其是金融业的资金比较收益居然高达 116.16。而水利、环境和公共设施管理业及房地产业的这一指标太低，仅分别为 0.07 与 0.16，其中水利、环境和公共设施管理业仅相当于金融业的 0.000 6（0.07/116.16）、建筑业的 0.002 0（0.07/34.61）、居民服务和其他服务业的 0.005 9（0.07/11.83），以及批发和零售业的 0.016 5（0.07/4.24）；而房地产业也仅相当于金融业的 0.001 4（0.16/116.16）、建筑业的 0.004 6（0.16/34.61）、居民服务和其他服务业的 0.013 5（0.16/11.83），以及批发和零售业的 0.037 4（0.16/4.24）。

因此，就资金比较收益的高低而言，宁夏有数据的19个行业可做如下排序：

金融业，建筑业，居民服务和其他服务业，批发和零售业，住宿和餐饮业，信息传输、计算机服务和软件业，公共管理和社会组织，采矿业，租赁和商务服务业，教育业，科学研究、技术服务和地质勘查业，农、林、牧、渔业，制造业，卫生、社会保障和社会福利业，交通运输、仓储和邮政业，电力、燃气及水的生产和供应业，文化、体育和其他娱乐业，房地产业，水利、环境和公共设施管理业。

二、宁夏回族自治区三次产业及其行业的投资与就业的基本结论

（1）就劳动比较收益而言，金融业，信息传输、计算机服务和软件业，采矿业，电力、燃气及水的生产和供应业，房地产业，建筑业，制造业，科学研究、技术服务和地质勘查业，公共管理和社会组织，教育业及交通运输、仓储和邮政业11个行业的劳动比较收益都超过1，是就业相对理想的行业。

换言之，无论是西部地区还是全国各地，以至于全球到宁夏的就业者，其就业的产业为第二、第三产业，行业排序为：

金融业，信息传输、计算机服务和软件业，采矿业，电力、燃气及水的生产和供应业，房地产业，建筑业，制造业，科学研究、技术服务和地质勘查业，公共管理和社会组织，教育业，交通运输、仓储和邮政业。

尽量不要去第一产业和除上述行业以外的其他行业，因为那里的劳动力已经趋于饱和了。

以上即为宁夏回族自治区三次产业及其行业的就业去向。

（2）就资金比较收益而言，金融业，建筑业，居民服务和其他服务业

等 12 个行业的资金比较收益均超过 1，是投资相对理想的行业；而水利、环境和公共设施管理业，房地产业等则是投资过剩的行业，应适当减少资金的进入，其过剩资金要设法转移到前面 12 个行业中。

换言之，无论是西部地区还是全国各地，以至于全球到宁夏的投资者，其投资的行业排序为：

金融业，建筑业，居民服务和其他服务业，批发和零售业，住宿和餐饮业，信息传输、计算机服务和软件业，公共管理和社会组织，采矿业，租赁和商务服务业，教育业，科学研究、技术服务和地质勘查业，农、林、牧、渔业。

尽量不要去水利、环境和公共设施管理业，房地产业，文化、体育和其他娱乐业。电力、燃气及水的生产和供应业，及交通运输、仓储和邮政业，因为那里的投资已经严重过剩了。

以上即为宁夏回族自治区三次产业及其行业的投资去向。

（3）综合上述两项指标考虑，宁夏的产业与行业投资与就业效益均好的行业是金融业，信息传输、计算机服务和软件业，采矿业，建筑业，科学研究、技术服务和地质勘查业，公共管理和社会组织及教育业 7 个行业，因为其劳动与资金的比较收益都超过 1。

第九节　重庆市产业与行业的投资与就业指南

一、重庆市三次产业与行业的投资与就业结构现状

将重庆市三次产业与行业的产值、投资和就业状况（见表 5－31、表 5－32）及其相应的比较收益计算出来并进行比较，即可得出重庆市三次产业与行业的投资与就业结构现状及其相应的比较收益。计算方法同上，其结果见表 5－33、表 5－34。

表5－31　重庆市三次产业的生产总值、固定资产投资总额和就业状况（2017年）

产业（i）	产业生产总值/亿元	固定资产投资总额/亿元	就业/万人
总计	19 500.3	174 40.6	1 714.6
第一产业	1 339.6	492.8	474.9
第二产业	8 596.6	5 887.3	461.7
第三产业	9 564.0	11 060.5	778.0

表5－32　重庆市各行业的生产总值、固定资产投资总额和就业状况（2017年）

行业（i）	行业生产总值/亿元	固定资产投资总额/亿元	就业/万人
农、林、牧、渔业	1 339.6	492.8	474.9
采矿业	—	158.1	10.9
制造业	6 587.1	5 257.2	238.9
电力、燃气及水的生产和供应业	—	465.4	10.4
建筑业	2 009.5	6.6	201.5
交通运输、仓储和邮政业	939.5	1 954.6	73.2
信息传输、计算机服务和软件业	—	106.2	18.9
批发和零售业	1 595.9	218.1	183.6
住宿和餐饮业	424.8	147.9	102.2
金融业	1 813.7	8.3	18.0
房地产业	1 048.3	4 341.5	31.6
租赁和商务服务业	—	239.3	44.3
科学研究、技术服务和地质勘查业	—	45.4	16.7
水利、环境和公共设施管理业	—	3 295.6	12.3
居民服务和其他服务业	—	38.6	153.7
教育业	—	292.7	50.1
卫生、社会保障和社会福利业	—	138.8	29.7
文化、体育和娱乐业	—	135.6	8.3
公共管理和社会组织	—	97.9	35.6

资料来源：《重庆统计年鉴2018》。其中信息传输、计算机服务和软件业以及租赁和商务服务业等细分行业的生产总值并未给出，均包含于其他服务业中。

表5－33 重庆市三次产业及其相应的GBC测度（2017年）

产业（*i*）	需求结构/%	就业结构/%	劳动比较收益	投资结构/%	资金比较收益
总计	100.00	100.00	—	100.00	—
第一产业	6.87	27.70	0.25	2.83	2.43
第二产业	44.08	26.93	1.64	33.76	1.31
第三产业	49.05	45.38	1.08	63.42	0.77

表5－34 重庆市各行业及其相应的GBC测度（2017年）

行业（*i*）	需求结构/%	就业结构/%	劳动比较收益	投资结构/%	资金比较收益
农、林、牧、渔业	6.87	27.70	0.25	2.83	2.43
采矿业	—	0.64	—	0.91	—
制造业	33.78	13.93	2.42	30.14	1.12
电力、燃气及水的生产和供应业	—	0.61	—	2.67	—
建筑业	10.30	11.75	0.88	0.04	272.31
交通运输、仓储和邮政业	4.82	4.27	1.13	11.21	0.43
信息传输、计算机服务和软件业	—	1.10	—	0.61	—
批发和零售业	8.18	10.71	0.76	1.25	6.54
住宿和餐饮业	2.18	5.96	0.37	0.85	2.57
金融业	9.30	1.05	8.86	0.05	195.44
房地产业	5.38	1.84	2.92	24.89	0.22
租赁和商务服务业	—	2.58	—	1.37	—
科学研究、技术服务和地质勘查业	—	0.97	—	0.26	—
水利、环境和公共设施管理业	—	0.72	—	18.90	—
居民服务和其他服务业	—	8.96	—	0.22	—
教育业	—	2.92	—	1.68	—
卫生、社会保障和社会福利业	—	1.73	—	0.80	—
文化、体育和娱乐业	—	0.48	—	0.78	—
公共管理和社会组织	—	2.08	—	0.56	—

表5－33、表5－34显示如下。

（1）就三次产业而言，重庆的三次产业6个相关数据全都处于不均衡状态。尤其第一产业的劳动比较收益仅为0.25，分别约为第二、第三产业这一指标的0.15（0.25/1.64）和0.23（0.25/1.08）。而在资金比较收益方面，第一、第二产业严重短缺，分别为2.43与1.31，第三产业却又严重过剩，为0.77。

（2）就行业情况而言，重庆的21个行业的相关数据原本应该有42个，但因缺乏若干原始数据，目前只有16个，故只能讨论已有数据的情况：全都处于极不均衡状态。其中，金融业，房地产业，制造业及交通运输、仓储和邮政业4个行业的劳动比较收益都超过1，尤其金融业的劳动比较收益为8.86，是这一指标最低行业——农、林、牧、渔业的35倍（8.86/0.25）。而资金比较收益的不均衡更为突出，其中建筑业，金融业，批发和零售业，住宿和餐饮业及农、林、牧、渔业、制造业6个行业的这一指标均超过1。尤其是建筑业、金融业的资金比较收益分别相当于272.31和195.44。而房地产业和交通运输、仓储和邮政业的这一指标又太低，分别为0.22和0.43，房地产业仅分别相当于建筑业的0.000 8（0.22/272.31）、金融业的0.001 1（0.22/195.44），交通运输、仓储和邮政业仅分别为建筑业的0.001 6（0.43/272.31）、金融业的0.002 2（0.43/195.44）。

因此，就劳动比较收益的高低而言，重庆有数据的8个行业可做如下排序：

金融业，房地产业，制造业，交通运输，仓储和邮政业，建筑业，批发和零售业，住宿和餐饮业，农、林、牧、渔业。

就资金比较收益的高低而言，重庆有数据的8个行业可做如下排序：

建筑业，金融业，批发和零售业，住宿和餐饮业，农、林、牧、渔业，制造业交通运输、仓储和邮政业，房地产业。

二、重庆市三次产业及其行业的投资与就业的基本结论

（1）就劳动比较收益而言，金融业，房地产业，制造业及交通运输、仓储和邮政业 4 个行业的劳动比较收益均超过 1，是就业相对理想的行业；其余 4 个行业则是就业过剩行业，应适当减少劳动力进入，尤其农、林、牧、渔业，住宿和餐饮业，批发和零售业及建筑业，其过剩的劳动力要设法转移到前面 4 个行业中。

换言之，无论是西部地区还是全国各地，以至于全球到重庆市的就业者，其就业的行业排序为：

金融业，房地产业，制造业，交通运输、仓储和邮政业。

尽量不要去第一产业和除上述行业以外的其他行业，因为那里的劳动力已经趋于饱和了。

以上即为重庆市三次产业及其行业的就业去向。

（2）就资金比较收益而言，建筑业，金融业，批发和零售业，住宿和餐饮业及农、林、牧、渔业、制造业 6 个行业的资金比较收益均超过 1，是投资相对理想的行业；而房地产业和交通运输、仓储和邮政业则是投资过剩的行业，应适当减少资金的进入，其过剩资金要设法转移到前面 6 个行业中。

换言之，无论是西部地区还是全国各地，以至于全球到重庆市的投资者，其投资的行业排序为：

建筑业，金融业，批发和零售业，住宿和餐饮业，农、林、牧、渔业，制造业。

尽量不要去房地产业和交通运输、仓储和邮政业，因为那里的投资已经严重过剩了。

以上即为重庆市三次产业及其行业的投资去向。

（3）综合上述两项指标考虑，重庆的产业与行业投资与就业效益均好的行业是金融业和制造业，因为其劳动与资金的比较收益都超过 1。

第十节　云南省产业与行业的投资与就业指南

一、云南省三次产业与行业的投资与就业结构现状

将云南省三次产业与行业的产值、投资和就业状况（见表5－35、表5－36）及其相应的比较收益计算出来并进行比较，即可得出云南省三次产业与行业的投资与就业结构现状及其相应的比较收益。计算方法同上，其结果见表5－37、表5－38。

表5－35　云南省三次产业的生产总值、固定资产投资总额和就业状况（2017年）

产业（i）	产业生产总值/亿元	固定资产投资总额/亿元	就业/万人
总计	16 376.3	18 936.0	2 992.7
第一产业	2 338.4	1 209.0	1 518.7
第二产业	6 205.0	2 848.1	402.3
第三产业	7 833.0	14 878.9	1 071.6

表5－35　云南省各行业的生产总值、固定资产投资总额和就业状况（2017年）

行业（i）	行业生产总值/亿元	固定资产投资总额/亿元	就业/万人
农、林、牧、渔业	2 338.4	1 209.0	1 518.7
采矿业	—	376.6	36.5
制造业	4 089.4	1 838.5	175.3
电力、燃气及水的生产和供应业	—	631.3	29.6
建筑业	2 123.7	1.7	161.0
交通运输、仓储和邮政业	366.6	3 718.2	75.4
信息传输、计算机服务和软件业	—	136.0	22.8
批发和零售业	1 567.8	380.5	100.0
住宿和餐饮业	—	358.3	35.9
金融业	—	8.8	43.1
房地产业	—	4 483.3	50.9
租赁和商务服务业	—	70.3	42.5

续表

行业（i）	行业生产总值/亿元	固定资产投资总额/亿元	就业/万人
科学研究、技术服务和地质勘查业	—	27.7	44.5
水利、环境和公共设施管理业	—	3 035.4	25.7
居民服务和其他服务业	—	70.9	9.6
教育业	—	584.9	264.4
卫生、社会保障和社会福利业	—	288.1	106.2
文化、体育和娱乐业	—	310.2	15.8
公共管理和社会组织	—	945.3	234.8

资料来源：《云南统计年鉴2018》。其中信息传输、计算机服务和软件业以及租赁和商务服务业等细分行业的生产总值并未给出，均包含于其他服务业中。

表 5－37　云南省三次产业及其相应的 GBC 测度（2017 年）

产业（i）	需求结构/%	就业结构/%	劳动比较收益	投资结构/%	资金比较收益
总计	100.00	100.00	—	100.00	—
第一产业	14.28	50.75	0.28	6.38	2.24
第二产业	37.89	13.44	2.82	15.04	2.52
第三产业	47.83	35.81	1.34	78.57	0.61

表 5－38　云南省各行业结构及其相应的 GBC 测度（2017 年）

行业（i）	需求结构/%	就业结构/%	劳动比较收益	投资结构/%	资金比较收益
农、林、牧、渔业	14.28	50.75	0.28	6.38	2.24
采矿业	—	1.22	—	1.99	—
制造业	24.97	5.86	4.26	9.71	2.57
电力、燃气及水的生产和供应业	—	0.99	—	3.33	—
建筑业	12.97	5.38	2.41	0.01	1 444.50
交通运输、仓储和邮政业	2.24	2.52	0.89	19.64	0.11
信息传输、计算机服务和软件业	—	0.76	—	0.72	—
批发和零售业	9.57	3.34	2.87	2.01	4.76
住宿和餐饮业	—	1.20	—	1.89	—
金融业	—	1.44	—	0.05	—
房地产业	—	1.70	—	23.68	—

续表

行业（i）	需求结构/%	就业结构/%	劳动比较收益	投资结构/%	资金比较收益
租赁和商务服务业	—	1.42	—	0.37	—
科学研究、技术服务和地质勘查业	—	1.49	—	0.15	—
水利、环境和公共设施管理业	—	0.86	—	16.03	—
居民服务和其他服务业	—	0.32	—	0.37	—
教育业	—	8.83	—	3.09	—
卫生、社会保障和社会福利业	—	3.55	—	1.52	—
文化、体育和娱乐业	—	0.53	—	1.64	—
公共管理和社会组织	—	7.85	—	4.99	—

表5-37、表5-38显示如下。

（1）就三次产业而言，云南省的三次产业6个相关数据全都处于极不均衡状态。尤其第一产业的劳动比较收益仅为0.28，分别是第二、第三产业这一指标的0.099（0.28/2.82）和0.208（0.28/1.34）。而在资金比较收益方面，第一、第二产业短缺，分别为2.24和2.52，第三产业却又较过剩，为0.61。

（2）就行业情况而言，云南省21个行业的相关数据原本应该有42个，但因缺乏若干原始数据，目前只有10个，故只能讨论已有数据的情况：全都处于极不均衡状态。其中，制造业，批发和零售业及建筑业3个行业的劳动比较收益超过1。

因此，就劳动比较收益的高低而言，云南省有数据的5个行业可做如下排序：

制造业，批发和零售业，建筑业，交通运输、仓储和邮政业，农、林、牧、渔业。

而资金比较收益又太不均衡，其中建筑业，批发和零售业，制造业及农、林、牧、渔业4个行业的这一指标均超过1。尤其建筑业的资金比较收益居然高达1 444.50。而交通运输、仓储和邮政业的这一指标又太低，只有0.11，仅相当于建筑业的0.000 1（0.11/1 444.50），批发和零售业的0.023 1（0.11/4.76），制造业的0.042 8（0.11/2.57），农、林、牧、渔业的0.049 1（0.11/2.24）。

因此，就资金比较收益的高低而言，云南省有数据的5个行业可做如下排序：

建筑业，批发和零售业，制造业，农、林、牧、渔业，交通运输、仓储和邮政业。

二、云南省产业及其行业投资与就业的基本结论

（1）就劳动比较收益而言，制造业、批发和零售业、建筑业3个行业的劳动比较收益均超过1，是就业相对理想的行业。

换言之，无论是西部地区还是全国各地，以至于全球到云南省的就业者，其就业的行业排序为：

制造业，批发和零售业，建筑业。

尽量不要去农、林、牧、渔业和交通运输、仓储和邮政业，因为那里的劳动力已经趋于饱和了。

以上即为云南省产业及其行业的就业去向。

（2）就资金比较收益而言，建筑业，批发和零售业，制造业及农、林、牧、渔业4个行业的资金比较收益均超过1，是投资相对理想的行业；而交通运输，仓储和邮政业则是投资过剩的行业，应适当减少资金的进入，其过剩资金要设法转移到前面4个行业中。

换言之，无论是西部地区还是全国各地，以至于全球到云南省的投资者，其投资的行业排序为：

建筑业，批发和零售业，制造业，农、林、牧、渔业。

尽量不要去交通运输、仓储和邮政业，因为那里的投资已经严重过剩了。

以上即为云南省产业及其行业的投资去向。

(3) 综合上述两项指标考虑，云南省的产业与行业投资与就业效益均好的行业是制造业，批发和零售业，及建筑业，因为其劳动与资金的比较收益都超过1。

第十一节　西藏自治区产业与行业的投资与就业指南

一、西藏自治区三次产业与行业的投资与就业结构现状

将西藏三次产业与行业的产值、投资和就业状况（见表5－39、表5－40）及其相应的比较收益计算出来并进行比较，即可得出西藏三次产业与行业的投资与就业结构现状及其相应的比较收益。计算方法同上，其结果见表5－41、表5－42。

表5－39　西藏三次产业的生产总值、固定资产投资总额和就业状况（2017年）

产业（i）	产业生产总值/亿元	固定资产投资总额/亿元	就业/万人
总计	1 310.9	2 051.0	265.4
第一产业	122.7	121.9	99.1
第二产业	513.7	414.0	47.1
第三产业	674.5	1 515.1	119.2

表5－40　西藏各行业的生产总值、固定资产投资总额和就业状况（2017年）

行业（i）	行业生产总值/亿元	固定资产投资总额/亿元	就业/万人
农、林、牧、渔业	122.7	121.9	99.1
采矿业	—	21.0	4.4
制造业	102.2	81.0	6.5
电力、燃气及水的生产和供应业	—	300.7	1.2
建筑业	411.5	11.3	35.0
交通运输、仓储和邮政业	34.1	590.2	7.5

续表

行业（i）	行业生产总值/亿元	固定资产投资总额/亿元	就业/万人
信息传输、计算机服务和软件业	—	9.4	1.8
批发和零售业	75.1	33.6	33.9
住宿和餐饮业	35.3	26.7	17.5
金融业	110.2	1.8	1.2
房地产业	33.5	227.4	1.0
租赁和商务服务业	42.2	21.0	8.5
科学研究、技术服务和地质勘查业	—	6.1	2.4
水利、环境和公共设施管理业	—	285.7	0.4
居民服务和其他服务业	—	20.2	7.3
教育业	—	60.8	5.2
卫生、社会保障和社会福利业	—	31.3	2.5
文化、体育和娱乐业	—	35.7	3.0
公共管理和社会组织	—	165.3	5.7

资料来源：《西藏统计年鉴2018》和中国经济与社会发展统计数据库。其中信息传输、计算机服务和软件业以及科学研究、技术服务和地质勘查业等细分行业的生产总值并未给出，均包含于其他服务业中。

表5－41　西藏三次产业及其相应的GBC测度（2017年）

产业（i）	需求结构/%	就业结构/%	劳动比较收益	投资结构/%	资金比较收益
总计	100.00	100.00	—	100.00	—
第一产业	9.36	37.34	0.25	5.94	1.57
第二产业	39.19	17.75	2.21	20.19	1.94
第三产业	51.45	44.91	1.15	73.87	0.70

表5－42　西藏各行业结构及其相应的GBC测度（2017年）

行业（i）	需求结构/%	就业结构/%	劳动比较收益	投资结构/%	资金比较收益
农、林、牧、渔业	9.36	37.34	0.25	5.94	1.57
采矿业	—	—	—	—	—

续表

行业（i）	需求结构/%	就业结构/%	劳动比较收益	投资结构/%	资金比较收益
制造业	7.80	2.45	3.18	3.95	1.97
电力、燃气及水的生产和供应业	—	—	—	—	—
建筑业	31.39	13.19	2.38	0.55	56.98
交通运输、仓储和邮政业	2.60	2.83	0.92	28.78	0.09
信息传输、计算机服务和软件业	—	—	—	—	—
批发和零售业	5.73	12.77	0.45	1.64	3.50
住宿和餐饮业	2.69	6.59	0.41	1.30	2.07
金融业	8.41	0.45	18.59	0.09	95.79
房地产业	2.56	0.38	6.78	11.09	0.23
租赁和商务服务业	3.22	3.20	1.01	1.02	3.14
科学研究、技术服务和地质勘查业	—	—	—	—	—
水利、环境和公共设施管理业	—	—	—	—	—
居民服务和其他服务业	0.00	2.75	0.00	0.98	0.00
教育业	0.00	1.96	0.00	2.96	0.00
卫生、社会保障和社会福利业	0.00	0.94	0.00	1.53	0.00
文化、体育和娱乐业	0.00	1.13	0.00	1.74	0.00
公共管理和社会组织	0.00	2.15	0.00	8.06	0.00

表5－41、表5－42显示如下。

（1）就三次产业而言，西藏的三次产业6个相关数据全都处于极不均衡状态。尤其第一产业的劳动比较收益仅为0.25，约分别是第二、第三产业这一指标的0.11（0.25/2.21）和0.22（0.25/1.15）。而在资金比较收益方面，第一、第二产业短缺，分别为1.57和1.94，第三产业却又较过剩，为0.70。

（2）就行业情况而言，西藏21个行业的相关数据原本应该有42个，但因缺乏若干原始数据，目前只有18个，故只能讨论已有数据的情况：只有租赁和商务服务业的劳动比较收益（1.01）基本均衡，其他行业全都处于极不均衡状态。其中，金融业，房地产业，制造业，建筑业及租赁和商务服务业5个行业的劳动比较收益超过1。

因此，就劳动比较收益的高低而言，西藏自治区有数据的9个行业可作如下排序：

金融业，房地产业，制造业，建筑业，租赁和商务服务业，交通运输、仓储和邮政业，批发和零售业，住宿和餐饮业，农、林、牧、渔业。

而资金的比较收益又太不均衡，其中金融业，建筑业，批发和零售业，租赁与商务服务业，住宿和餐饮业，制造业及农、林、牧、渔业7个行业的这一指标均超过1，尤其是金融业的资金比较收益居然高达95.79。而交通运输、仓储和邮政业和房地产业的这一指标太低，分别只有0.09和0.23，其中交通运输、仓储和邮政业仅分别相当于金融业的0.000 9（0.09/95.79）、建筑业的0.001 6（0.09/56.98）、批发和零售业的0.025 7（0.09/3.50）、租赁与商务服务业的0.028 6（0.09/3.14）；而房地产业也仅分别为金融业的0.002 4（0.23/95.79）、建筑业的0.004 0（0.23/56.98）、批发和零售业的0.065 7（0.23/3.50）、租赁与商务服务业的0.073 2（0.23/3.14）。

因此，就资金比较收益的高低而言，西藏自治区有数据的9个行业可做如下排序：

金融业，建筑业、批发和零售业，租赁与商务服务业，住宿和餐饮业，制造业，农、林、牧、渔业，房地产业，交通运输、仓储和邮政业。

二、西藏自治区三次产业及其行业的投资与就业的基本结论

（1）就劳动比较收益而言，金融业，房地产业，制造业，建筑业，及租赁和商务服务业5个行业的劳动比较收益都超过1，是就业相对理想的行业。

换言之，无论是西部地区还是全国各地，以至于全球到西藏的就业者，其就业的行业排序为：

金融业，房地产业，制造业，建筑业，租赁和商务服务业。

尽量不要去农、林、牧、渔业，住宿和餐饮业，批发和零售业，交通运输、仓储和邮政业 4 个行业，因为那里的劳动力已经趋于饱和了。

以上即为西藏自治区三次产业及其行业的就业去向。

（2）就资金比较收益而言，金融业，建筑业，批发和零售业等 7 个行业的资金比较收益均超过 1，是投资相对理想的行业，而交通运输、仓储、邮政业和房地产业是投资过剩的行业，应适当减少资金的进入，其过剩资金要设法转移到前面 7 个行业中。

换言之，无论是西部地区还是全国各地，以至于全球到西藏的投资者，其投资的行业排序为：

金融业，建筑业，批发和零售业，租赁和商务服务业，住宿和餐饮业，制造业，农、林、牧、渔业。

尽量不要去交通运输、仓储和邮政业和房地产业，因为那里的投资已经严重过剩了。

以上即为西藏自治区三次产业及其行业的投资去向。

（3）综合上述两项指标考虑，西藏的产业与行业投资与就业效益均好的行业是金融业，制造业，建筑业及租赁和商务服务业，因为其劳动与资金的比较收益都超过 1。

第三篇

不同区划的地区投资与就业指南

对中国地区的划分，随着时代的演进有过不同的区划：（1）东、中、西部区划。（2）六大行政区划：东北行政区、华北行政区、华东行政区、中南行政区、西南行政区、西北行政区。（3）特指区划：环渤海经济区、长三角区域、泛珠三角区域。本书第二篇已经介绍了东、中、西部区划的相关情况，本篇仅对后两种区划情况进行介绍。

第六章　六大行政区划的地区投资与就业指南

本章对中国传统区域划分——东北、西北、华北、华东、中南与西南共6个区域进行讨论，以确定中国按此区划的投资与就业的最优区域、次优区域、较优区域、一般区域、较差区域和排名偏后区域。

第一节　六大区域的地区投资与就业指南

一、中国六大行政区域的地区经济结构现状

根据中国2017年的相关统计数据（见表6-1），依次计算出各省份的需求结构向量 $D(t)$、就业结构向量 $S^1(t)$ 以及投资结构向量 $S^2(t)$，再将相应的数值代入公式（1-1），分别计算出劳动比较收益 $G_i^1(t)=D_i(t)/S_i^1(t)$ 与资金比较收益 $G_i^2(t)=D_i(t)/S_i^2(t)$，得到表6-2。

表6-1　中国各省份地区生产总值、固定资本形成总额和就业状况（2017年）

地区	省份（i）	生产总值/亿元	固定资本形成总额/亿元	就业/万人
华北地区	北京	28 014.9	8 948.1	1 246.8
	天津	18 549.2	11 274.7	894.8
	河北	34 016.3	33 406.8	4 206.7
	山西	15 528.4	5 722.2	1 914.1
	内蒙古	16 103.2	14 027.9	1 424.9
	合计	112 212.0	73 379.7	9 687.3

续表

地区	省份（i）	生产总值/亿元	固定资本形成总额/亿元	就业/万人
东北地区	辽宁	23 409.2	6 676.7	2 284.7
	吉林	14 944.5	13 283.9	1 488.5
	黑龙江	15 902.7	11 292.0	2 011.1
	合计	54 256.4	31 252.6	5 784.3
华东地区	上海	30 633.0	7 246.6	1 372.6
	江苏	87 988.1	53 000.2	4 757.8
	浙江	51 768.3	31 126.0	3 796.0
	安徽	27 018.0	29 186.0	4 377.9
	福建	32 292.1	26 226.6	2 805.7
	江西	20 006.3	22 085.3	2 645.6
	山东	72 634.2	54 236.0	65 60.6
	合计	322 340.0	223 106.7	26 316.2
中南地区	河南	44 552.8	44 496.9	6 767.0
	湖北	35 478.1	31 872.6	3 610.0
	湖南	33 903.0	31 328.1	3 817.2
	广东	89 705.2	37 477.9	6 340.8
	广西	20 396.3	17 224.8	2 842.0
	海南	4 462.5	4 125.4	583.9
	合计	228 497.9	166 525.7	23 960.9
西南地区	重庆	19 500.3	17 440.6	1 714.6
	四川	36 980.2	32 097.3	4 872.0
	贵州	13 540.8	15 288.0	2 023.2
	云南	16 376.3	18 936.0	2 992.7
	西藏	1 310.9	2 051.0	265.4
	合计	87 708.5	85 812.9	11 867.9
西北地区	陕西	21 898.8	23 819.4	2 072.0
	甘肃	7 459.9	4 751.8	1 553.8
	青海	2 624.8	3 897.1	327.0
	宁夏	3 443.6	3 813.4	375.9
	新疆	10 882.0	11 795.6	1 307.6

续表

地区	省份（i）	生产总值/亿元	固定资本形成总额/亿元	就业/万人
西北地区	合计	46 309.1	48 077.3	5 636.3
总计		851323.9	628154.9	83 252.9

资料来源：中国经济与社会发展统计数据库及各省份2018年统计年鉴。

表6-2 中国六大地区及31个省份经济结构与GBC测度（2017年）

地区	省份（i）	需求结构 D_i（t）/%	就业结构 S_i^1（t）/%	劳动比较收益GBC G_i^1（t）	投资结构 S_i^2（t）/%	资金比较收益GBC G_i^2（t）
华北地区	北京	24.97	12.87	1.94	12.19	2.05
	天津	16.53	9.24	1.79	15.36	1.08
	河北	30.31	43.42	0.70	45.53	0.67
	山西	13.84	19.76	0.70	7.80	1.77
	内蒙古	14.35	14.71	0.98	19.12	0.75
	合计	100.00	100.00	—	100.00	—
东北地区	辽宁	43.15	39.50	1.09	21.36	2.02
	吉林	27.54	25.73	1.07	42.50	0.65
	黑龙江	29.31	34.77	0.84	36.13	0.81
	合计	100.00	100.00	—	100.00	—
华东地区	上海	9.50	5.22	1.82	3.25	2.93
	江苏	27.30	18.08	1.51	23.76	1.15
	浙江	16.06	14.42	1.11	13.95	1.15
	安徽	8.38	16.64	0.50	13.08	0.64
	福建	10.02	10.66	0.94	11.76	0.85
	江西	6.21	10.05	0.62	9.90	0.63
	山东	22.53	24.93	0.90	24.31	0.93
	合计	100.00	100.00	—	100.00	—
中南地区	河南	19.50	28.24	0.69	26.72	0.73
	湖北	15.53	15.07	1.03	19.14	0.81
	湖南	14.84	15.93	0.93	18.81	0.79
	广东	39.26	26.46	1.48	22.51	1.74

续表

地区	省份（i）	需求结构 D_i（t）/%	就业结构 S_i^1（t）/%	劳动比较收益 GBC G_i^1（t）	投资结构 S_i^2（t）/%	资金比较收益 GBC G_i^2（t）
中南地区	广西	8.93	11.86	0.75	10.34	0.86
	海南	1.95	2.44	0.80	2.48	0.79
	合计	100.00	100.00	—	100.00	—
西南地区	重庆	22.23	14.45	1.54	20.32	1.09
	四川	42.16	41.05	1.03	37.40	1.13
	贵州	15.44	17.05	0.91	17.82	0.87
	云南	18.67	25.22	0.74	22.07	0.85
	西藏	1.49	2.24	0.67	2.39	0.63
	合计	100.00	100.00	—	100.00	—
西北地区	陕西	47.29	36.76	1.29	49.54	0.95
	甘肃	16.11	27.57	0.58	9.88	1.63
	青海	5.67	5.80	0.98	8.11	0.70
	宁夏	7.44	6.67	1.11	7.93	0.94
	新疆	23.50	23.20	1.01	24.53	0.96
	合计	100.00	100.00	—	100.00	—

表 6－2 显示，中国六大行政区域的地区经济结构（无论是劳动的供求还是资金的供求）都严重失衡。

事实上，从表 6－2 的劳动比较收益和资金比较收益可知，全国 31 个省份的比较收益数据只有湖北、四川、新疆、青海的劳动比较收益分别为 1.03、1.03、1.01、0.98 和新疆、陕西的资金比较收益分别为 0.96、0.95，都趋近于 1，其他也不等于 1，即全都处于失衡状态。那么，全国 31 个省份的劳动比较收益和资金比较收益共有 62 个数据，除了 6 个属于均衡与基本均衡外，剩下的 90% 以上都属于供求失衡。其中，尤以东部（华东、华北、东北）15 个省份加上广东、湖北、湖南、海南、广西、河南、重庆、贵州、云南、四川、陕西、宁夏、甘肃、青海等 14 个省份的供求失衡特别严重。其中，甘肃的劳动比较收益（0.58）和西藏的资金比较收益（0.63）最低，而北京的劳动比较收益（1.94）和上海的资金比较收益最高（2.93）。这表明，北京和甘肃是中国生产效益水平高、低的两个极端。这意味着，上海和西藏是中国投资效果好、坏的两个极端。

就全国六大区域而言，表6－2的数据显示，劳动与资金的供求都严重失衡。华北地区5个省份的劳动比较收益平均值和资金比较收益平均值分别为1.22和1.26，是中国劳动效益和资金效益最好的地区，代表了中国现阶段社会生产力和投资的发展方向，应加大对该地区劳动与资金的投入力度，成为下一轮劳动和投资的重点与热点；而华东地区的劳动比较收益平均值和资金比较收益平均值分别为1.06和1.18，是中国劳动效益和资金效益较好的地区，表明华东地区也是劳动和资金值得投入的地区；西部地区10个省份，其中除西北地区的劳动与资金的供给基本均衡，分别为0.99与1.04，西南地区的劳动供给（0.98）也基本均衡外，只有西南地区的资金供给（0.91）较为过剩，既是中国社会生产力最低、资金效益较差的地区，也是中国较贫困落后的地区。

由于比较收益GBC是两个百分数（即供求结构）之比，故GBC＝1则表明供求均衡。某地区劳动比较收益大于1，就表明该地区以相对较少的劳动创造了相对较多的社会需求，因而劳动生产力水平较高，劳动的比较收益较多。例如北京，以占全国1.5%的劳动力创造了占全国3.3%的社会需求，因而北京的劳动比较收益为1.94，说明北京的劳动生产力水平远远超出我国其他30个省份。而安徽的劳动生产力水平最低，其劳动比较收益仅为0.50，说明安徽以占全国0.33%的劳动力只创造了占全国0.154%的社会需求。

因此，就劳动比较收益的高低而言，中国31个省份可做如下排序：

北京、上海、天津、重庆、江苏、广东、陕西、浙江、宁夏、辽宁、吉林、湖北、四川、新疆、内蒙古、青海、福建、湖南、贵州、山东、黑龙江、海南、广西、云南、河南、山西、西藏、江西、河南、甘肃、安徽。

同理，某个地区资金的比较收益大于1，就表明该地区以相对较少的资金投入，却创造了相对较多的社会需求，因此该地区的投资效益较好。例如，上海的资金比较收益（2.93）为最高。这意味着，上海市的投资效益远远超出了全国其他30个省份。而西藏和江西的投资效益排名偏后，因为其资金比较收益仅为0.63。

因此，中国31个省份在投资效益方面可做如下排序：

上海、北京、辽宁、山西、广东、甘肃、江苏、浙江、四川、重庆、天津、新疆、陕西、宁夏、山东、贵州、广西、云南、福建、湖北、黑龙江、湖南、海南、内蒙古、河南、青海、河北、吉林、安徽、江西、甘肃。

二、中国六大行政区域投资与就业的基本结论

（1）就劳动比较收益而言，其优劣排序的基本结论如下：华北（1.22）、东北（1.0）、华东（1.06）、西北（0.99）、西南（0.95）、中南（0.95）。因此，**按六大行政区域划分，中国未来劳动力应尽量向华北和华东两个行政区转移，此即就业去向。**

（2）就资金比较收益而言，其优劣排序的基本结论如下：华北（1.26）、华东（1.18）、东北（1.16）、西北（1.04）、中南（0.95）、西南（0.91）。因此，**按六大行政区域划分，中国未来资金应尽量投向华北、华东和中南两个行政区，此即投资去向。**

（3）若就资金比较收益与劳动比较收益两方面综合考虑，则中国六大传统行政区域划分的优劣排序如下：①最优区域——华北区；②次优区域——华东区；③较优区域——东北区；④一般区域——西北区；⑤较差区域——中南区；⑥排名偏后区域——西南区。

下面分别讨论各行政区域的地区投资与就业问题。

第二节 华北区——最优区域投资与就业指南

一、中国华北行政区域的地区经济结构现状

本节讨论华北区的投资与就业问题。见表 6－3、表 6－4。

表 6－3 中国华北区生产总值、固定资本形成总额和就业状况（2017 年）

地区	省份（i）	地区生产总值/亿元	固定资本形成总额/亿元	就业/万人
华北地区	北京	28 014.9	8 948.1	1 246.8
	天津	185 49.2	11 274.7	894.8
	河北	34 016.3	33 406.8	4 206.7
	山西	15 528.4	5 722.2	1 914.1
	内蒙古	16 103.2	14 027.9	1 424.9
	合计	112 212.0	73 379.7	9 687.3

资料来源：中国经济与社会发展统计数据库及各省份 2018 年统计年鉴。

表 6－4 中国华北区经济结构与 GBC 测度（2017 年）

地区	省份（i）	需求结构 D_i（t）/%	就业结构 S_i^1（t）/%	劳动比较收益 GBC G_i^1（t）	投资结构 S_i^2（t）/%	资金比较收益 GBC G_i^2（t）
华北地区	北京	24.97	12.87	1.94	12.19	2.05
	天津	16.53	9.24	1.79	15.36	1.08
	河北	30.31	43.42	0.70	45.53	0.67
	山西	13.84	19.76	0.70	7.80	1.77
	内蒙古	14.35	14.71	0.98	19.12	0.75
	合计	100.00	100.00	—	100.00	—

表 6－4 显示，华北行政区域的地区经济结构（无论是劳动的供求还是资金的供求）都严重失衡。

事实上，从表 6－4 的劳动比较收益和资金比较收益可知，该区域的 5 个省份合计数据共 10 个，只有内蒙古的劳动比较收益（0.98）基本平衡，其他都属于供求失衡（甚至是严重失衡）状态，其中尤以北京、天津、山

西、河北的供求失衡特别严重。其中，北京的劳动比较收益（1.94）和资金比较收益（2.05）都最高，天津的劳动比较收益（1.79）和山西的资金比较收益（1.77）也高，而河北的劳动比较收益（0.70）和资金比较收益（0.67）都最低。

因此，就劳动比较收益的高低而言，该区域的5个省份可做如下排序：

北京、天津、内蒙古、河北、山西。

而就资金比较收益的高低而言，该区域的5个省份可做如下排序：

北京、山西、天津、内蒙古、河北。

二、中国华北行政区域投资与就业的基本结论

（1）就劳动比较收益而言，未来该地区的劳动力应尽量向北京和天津转移，此即就业去向。

（2）就资金比较收益而言，未来该地区的资金应尽量投向北京、山西、天津，其他地区都是投资过剩，此即投资去向。

（3）综合上述两项指标考虑，**该地区投资与就业效益均好的省份是北京和天津**，因为其资金比较收益与劳动比较收益均大于1，不像其他三省份，都至少有一个指数处于严重供给过剩状态。

第三节　华东区——次优区域投资与就业指南

一、中国华东行政区域的地区经济结构现状

本节讨论华东区的投资与就业问题。方法同前，见表6-5、表6-6。

表 6－5　中国华东区生产总值、固定资本形成总额和就业状况（2017 年）

地区	省份（i）	地区生产总值/亿元	固定资本形成总额/亿元	就业/万人
华东地区	上海	30 633.0	7 246.6	1 372.6
	江苏	87 988.1	53 000.2	4 757.8
	浙江	51 768.3	31 126.0	3 796.0
	安徽	27 018.0	29 186.0	4 377.9
	福建	32 292.1	26 226.6	2 805.7
	江西	20 006.3	22 085.3	2 645.6
	山东	72 634.2	54 236.0	6 560.6
	合计	322 340.0	223 106.7	26 316.2

资料来源：中国经济与社会发展统计数据库及各省份 2018 年统计年鉴。

表 6－6　中国华东区经济结构与 GBC 测度（2017 年）

区域	省份（i）	需求结构 D_i（t）/%	就业结构 S_i^1（t）/%	劳动比较收益 GBC G_i^1（t）	投资结构 S_i^2（t）/%	资金比较收益 GBC G_i^2（t）
华东地区	上海	9.50	5.22	1.82	3.25	2.93
	江苏	27.30	18.08	1.51	23.76	1.15
	浙江	16.06	14.42	1.11	13.95	1.15
	安徽	8.38	16.64	0.50	13.08	0.64
	福建	10.02	10.66	0.94	11.76	0.85
	江西	6.21	10.05	0.62	9.90	0.63
	山东	22.53	24.93	0.90	24.31	0.93
	合计	100.00	100.00	—	100.00	—

表 6－6 显示，华东区域的地区经济结构（无论是劳动的供求还是资金的供求）都严重失衡。

事实上，从表 6－6 的劳动比较收益和资金比较收益可知，该区域的 7 个省份合计数据共 14 个，全都属于供求失衡（甚至是严重失衡）状态，其中尤以上海、江苏、浙江、江西、安徽、福建的供求失衡特别严重。其中，安徽的劳动比较收益（0.50）最低，而上海的劳动比较收益（1.82）最高；

上海的资金比较收益高达 2.93，而江西的这一指标最低，仅为 0.63。

因此，就劳动比较收益的高低而言，该区域的 7 个省份可做如下排序：

上海、江苏、浙江、福建、山东、江西、安徽。

就资金比较收益的高低而言，该区域的 7 个省份可做如下排序：

上海、江苏、浙江、山东、福建、安徽、江西。

二、中国华东行政区域投资与就业的基本结论

（1）就劳动比较收益而言，未来该地区的劳动力应尽量向上海、江苏、浙江转移，此即就业去向。

（2）就资金比较收益而言，未来该地区的资金也应尽量投向上海、江苏、浙江，此即投资去向。

（3）综合上述两项指标考虑，**该地区投资与就业效益均好的是上海、江苏、浙江 3 个省份**，因为其劳动与资金的比较收益都超过 1，尤其资金的比较收益最佳。**其次是山东和江苏，排名偏后的是安徽和江西。**

第四节　东北区——较优区域投资与就业指南

一、中国东北行政区域的地区经济结构现状

本节讨论东北区的投资与就业问题。方法同前，见表 6－7、表 6－8。

表 6－7　中国东北区生产总值、固定资本形成总额和就业状况（2017 年）

地区	省份（i）	地区生产总值/亿元	固定资本形成总额/亿元	就业/万人
东北地区	辽宁	23 409.2	6 676.7	2 284.7
	吉林	14 944.5	13 283.9	1 488.5
	黑龙江	15 902.7	11 292	2 011.1
	合计	54 256.4	31 252.6	5 784.3

资料来源：中国经济与社会发展统计数据库与各省份 2018 年统计年鉴。

表 6-8　中国东北区经济结构与 GBC 测度（2017 年）

地区	省份（i）	需求结构 $D_i(t)$ /%	就业结构 $S_i^1(t)$ /%	劳动比较收益 GBC $G_i^1(t)$	投资结构 $S_i^2(t)$ /%	资金比较收益 GBC $G_i^2(t)$
东北地区	辽宁	43.15	39.50	1.09	21.36	2.02
	吉林	27.54	25.73	1.07	42.50	0.65
	黑龙江	29.31	34.77	0.84	36.13	0.81
	合计	100.00	100.00	—	100.00	—

表 6-8 显示，东北区域的地区经济结构（无论是劳动的供求还是资金的供求）全都失衡。事实上，辽宁的劳动比较收益最高，为 1.09，其次是吉林，为 1.07，黑龙江最低，为 0.84；而辽宁的资金比较收益也最高，为 2.02，吉林的最低，为 0.65。

因此，就劳动比较收益的高低而言，该区域的 3 个省可做如下排序：

辽宁、吉林、黑龙江。

就资金比较收益的高低而言，该区域的 3 个省可做如下排序：

辽宁、黑龙江、吉林。

二、中国东北行政区域投资与就业的基本结论

（1）就劳动比较收益而言，未来该地区的劳动力应尽量向辽宁和吉林两省转移，此即就业去向。

（2）就资金比较收益而言，未来该地区的资金只能投向辽宁，此即投资去向。

（3）综合上述两项指标考虑，**该地区投资与就业效益均好的省是辽宁**，因为只有辽宁的劳动与资金的比较收益都超过 1。

第五节　西北区——一般区域投资与就业指南

一、中国西北行政区域的地区经济结构现状

本节讨论西北区的投资与就业问题。方法同前，见表6－9、表6－10。

表6－9　中国西北区生产总值、固定资本形成总额和就业状况（2017年）

地区	省份（i）	地区生产总值/亿元	固定资本形成总额/亿元	就业/万人
西北地区	陕西	21 898.8	23 819.4	2 072.0
	甘肃	7 459.9	4 751.8	1 553.8
	青海	2 624.8	3 897.1	327.0
	宁夏	3 443.6	3 813.4	375.9
	新疆	10 882.0	11 795.6	1 307.6
	合计	46 309.1	48 077.3	5 636.3

资料来源：中国经济与社会发展统计数据库及各省份2018年统计年鉴。

表6－10　中国西北区经济结构与GBC测度（2017年）

地区	省份（i）	需求结构 D_i（t）/%	就业结构 S_i^1（t）/%	劳动比较收益GBC G_i^1（t）	投资结构 S_i^2（t）/%	资金比较收益GBC G_i^2（t）
西北地区	陕西	47.29	36.76	1.29	49.54	0.95
	甘肃	16.11	27.57	0.58	9.88	1.63
	青海	5.67	5.80	0.98	8.11	0.70
	宁夏	7.44	6.67	1.11	7.93	0.94
	新疆	23.50	23.20	1.01	24.53	0.96
	合计	100.00	100.00	—	100.00	—

表6－10显示，西北区域的地区经济结构（无论是劳动的供求还是资金的供求）都严重失衡。

事实上，从表6－10的劳动比较收益和资金比较收益可知，该区域的

5 个省份合计数据共 10 个，只有 4 个基本平衡（新疆的劳动比较收益和资金比较收益基本均衡，分别为 1.01 和 0.96，青海的劳动比较收益为 0.98，陕西的资金比较收益为 0.95），其他 60% 都处于失衡（甚至是严重失衡）状态。其中，甘肃的劳动比较收益最低（0.58），而陕西的劳动比较收益最高（1.29）。甘肃的资金比较收益又最高（1.63），而青海的这一指数最低，仅为 0.70。

因此，就劳动比较收益的高低而言，该区域的 5 个省份可做如下排序：

陕西、宁夏、青海、新疆、甘肃。

就资金比较收益的高低而言，该区域的 5 个省份可做如下排序：

甘肃、新疆、陕西、宁夏、青海。

二、中国西北行政区投资与就业的基本结论

（1）就劳动比较收益而言，未来该地区的劳动力应尽量向陕西和宁夏转移，此即就业去向。

（2）就资金比较收益而言，未来该地区的资金只能投向甘肃，此即投资去向。

第六节　中南区——较差区域投资与就业指南

一、中国中南行政区域的地区经济结构现状

本节讨论中南区的投资与就业问题。方法同前，见表 6－11、表 6－12。

表 6－11　中国中南区生产总值、固定资本形成总额和就业状况（2017 年）

地区	省份（i）	地区生产总值/亿元	固定资本形成总额/亿元	就业/万人
中南地区	河南	44 552.8	44 496.9	6 767.0
	湖北	35 478.1	31 872.6	3 610.0
	湖南	33 903.0	31 328.1	3 817.2
	广东	89 705.2	37 477.9	6 340.8
	广西	20 396.3	17 224.8	2842.0
	海南	4 462.5	4 125.4	583.9
	合计	228 497.9	166 525.7	23 960.9

资料来源：中国经济与社会发展统计数据库及各省份 2018 年统计年鉴。

表 6－12　中国中南区经济结构与 GBC 测度（2017 年）

地区	省份（i）	需求结构 D_i（t）%	就业结构 S_i^1（t）/%	劳动比较收益 GBC G_i^1（t）	投资结构 S_i^2（t）/%	资金比较收益 GBC G_i^2（t）
中南地区	河南	19.50	28.24	0.69	26.72	0.73
	湖北	15.53	15.07	1.03	19.14	0.81
	湖南	14.84	15.93	0.93	18.81	0.79
	广东	39.26	26.46	1.48	22.51	1.74
	广西	8.93	11.86	0.75	10.34	0.86
	海南	1.95	2.44	0.80	2.48	0.79

表 6－12 显示，中南行政区的地区经济结构中，只有湖北的劳动比较收益（1.03）基本均衡，其余 11 个数据都严重失衡，特别是河南的劳动比较收益和资金比较收益都最低，分别为 0.69 和 0.73，而广东的劳动比较收益和资金比较收益都最高，分别为 1.48 和 1.74。这意味着，广东与河南是该区域劳动效益与投资效益好、坏的两个极端。尤其是该区域的河南、广西和海南 3 个省份的劳动比较收益与投资比较收益均远小于 1。这表明该区域的劳动与资金的投入应该集中于广东省。

因此，就劳动比较收益的高低而言，该区域的 6 个省份可做如下排序：

广东、湖北、湖南、海南、广西、河南。

就资金比较收益的高低而言，该区域的6个省份可做如下排序：

广东、广西、湖北、湖南、海南、河南。

二、中国中南行政区投资与就业的基本结论

（1）就劳动比较收益而言，未来该地区的劳动力应尽量向广东和湖北两省转移，此即就业去向。

（2）就资金比较收益而言，未来该地区的资金只能投向广东省，此即投资去向。

换言之，**中南行政区在未来若干年内，无论是劳动还是资金都应该向广东省转移。**

（3）综合上述两项指标考虑，**该地区投资与就业效益均好的省份只有广东。**

第七节　西南区——排名偏后区域投资与就业指南

一、中国西南行政区域的地区经济结构现状

本节讨论西南区的投资与就业问题。方法同前，见表6－13、表6－14。

表6－13　中国西南区生产总值、固定资本形成总额和就业状况（2017年）

地区	省份（i）	地区生产总值/亿元	固定资本形成总额/亿元	就业/万人
西南地区	重庆	19 500.3	17 440.6	1 714.6
	四川	36 980.2	32 097.3	4 872.0
	贵州	13 540.8	15 288.0	2 023.2
	云南	16 376.3	18 936.0	2 992.7
	西藏	1 310.9	2 051.0	265.4
	合计	87 708.5	85 812.9	11 867.9

资料来源：中国经济与社会发展统计数据库与各省份2018年统计年鉴。

表6－14　中国西南区经济结构与GBC测度（2017年）

地区	省份（i）	需求结构 $D_i(t)$ /%	就业结构 $S_i^1(t)$ /%	劳动比较收益GBC $G_i^1(t)$	投资结构 $S_i^2(t)$ /%	资金比较收益GBC $G_i^2(t)$
西南地区	重庆	22.23	14.45	1.54	20.32	1.09
	四川	42.16	41.05	1.03	37.40	1.13
	贵州	15.44	17.05	0.91	17.82	0.87
	云南	18.67	25.22	0.74	22.07	0.85
	西藏	1.49	2.24	0.67	2.39	0.63
	合计	100.00	100.00	—	100.00	—

表6－14显示，西南行政区的地区经济结构（无论是劳动的供求还是资金的供求）都严重失衡。

事实上，从表6－14的劳动比较收益和资金比较收益可知，该区域的5个省份合计数据共10个，只有一个基本平衡（四川的劳动比较收益为1.03），其他90%都处于失衡（甚至是严重失衡）状态。其中，重庆、西藏、云南和贵州4个省份的供求失衡特别严重。事实上，西藏的劳动比较收益和资金比较收益都最低，分别为0.67和0.63。

而重庆的劳动比较收益和四川的资金比较收益2个指标都最高，分别为1.54和1.13。

因此，就劳动比较收益的高低而言，该区域的5个省份可做如下排序：

重庆、四川、贵州、云南、西藏。

而就资金比较收益的高低而言，该区域的5个省份可做如下排序：

四川、重庆、贵州、云南、西藏。

二、中国西南行政区域投资与就业的基本结论

（1）就劳动比较收益而言，未来该地区的劳动力应尽量向重庆、四川2个省份转移，此即就业去向。

(2) 就资金比较收益而言，未来该地区的资金应尽量投向四川和重庆，此即投资去向。

(3) 综合上述两项指标考虑，**该地区投资与就业效益均好的是重庆和四川 2 个省份**，因为其劳动与资金的比较收益都超过 1。**贵州、云南、西藏都不理想。**

第七章　特指区划的地区投资与就业指南

本章对环渤海经济区、长三角经济区以及泛珠三角区域这三个区域进行讨论，以确定这些地区投资与就业的最优区域、一般区域和较差区域。

第一节　三大经济圈的地区投资与就业指南

一、中国三大经济圈的地区经济结构现状

根据中国2017年的相关统计数据（见表7－1），依次计算出各省份的需求结构向量 $D(t)$、就业结构向量 $S^1(t)$ 以及投资结构向量 $S^2(t)$，再将相应的数值代入公式（1－1），分别计算出劳动的比较收益 $G_i^1(t) = D_i(t)/S_i^1(t)$ 与资金的比较收益 $G_i^2(t) = D_i(t)/S_i^2(t)$，得到表7－2。

表7－1　中国三大经济圈的生产总值、固定资本形成总额和就业状况（2017年）

地区	省份（i）	地区生产总值/亿元	固定资本形成总额/亿元	就业/万人
环渤海经济区	辽宁	23 409.2	6 676.7	2 284.7
	河北	34 016.3	33 406.8	4 206.7
	北京	28 014.9	8 948.1	1 246.8
	天津	18 549.2	11 274.7	894.8
	山东	72 634.2	54 236.0	6 560.6

续表

地区	省份（i）	地区生产总值/亿元	固定资本形成总额/亿元	就业/万人
环渤海经济区	山西	15 528.4	5 722.2	1 914.1
	内蒙古	16 103.2	14 027.9	1 424.9
	合计	208 255.4	134 292.4	18 532.6
长三角经济区	江苏	87 988.1	53 000.2	4 757.8
	上海	30 633.0	7 246.6	1 372.6
	浙江	51 768.3	31 126.0	3 796.0
	合计	170 389.4	91 372.8	9 926.4
泛珠三角区域	福建	32 292.1	26 226.6	2 805.7
	广东	89 705.2	37 477.9	6 340.8
	广西	20 396.3	17 224.8	2 842.0
	贵州	13 540.8	15 288.0	2 023.2
	海南	4 462.5	4 125.4	583.9
	湖南	33 903.0	31 328.1	3 817.2
	江西	20 006.3	22 085.3	2 645.6
	四川	36 980.2	32 097.3	4 872.0
	云南	16 376.3	18 936.0	2 992.7
	合计	267 662.7	204 789.4	28 923.1
总计		646 307.5	430 454.6	57 382.1

资料来源：中国经济与社会发展统计数据库及各省份2018年统计年鉴。

表7－2　中国三大经济圈的经济结构与GBC测度（2017年）

地区	省份（i）	需求结构 D_i（t）/%	就业结构 S_i^1（t）/%	劳动比较收益GBC G_i^1（t）	投资结构 S_i^2（t）/%	资金比较收益GBC G_i^2（t）
环渤海经济区	辽宁	3.62	3.98	0.91	1.55	2.34
	河北	5.26	7.33	0.72	7.76	0.68
	北京	4.33	2.17	1.99	2.08	2.09
	天津	2.87	1.56	1.84	2.62	1.10
	山东	11.24	11.43	0.98	12.60	0.89
	山西	2.40	3.34	0.72	1.33	1.81

续表

地区	省份（i）	需求结构 D_i（t）/%	就业结构 S_i^1（t）/%	劳动比较收益 GBC G_i^1（t）	投资结构 S_i^2（t）/%	资金比较收益 GBC G_i^2（t）
环渤海经济区	内蒙古	2.49	2.48	1.00	3.26	0.76
	合计	32.21	32.32	1.00*	31.20	1.03**
长三角经济区	江苏	13.61	8.29	1.64	12.31	1.11
	上海	4.74	2.39	1.98	1.68	2.82
	浙江	8.01	6.62	1.21	7.23	1.11
	合计	26.36	17.30	1.52*	21.23	1.24**
泛珠三角区域	福建	5.00	4.89	1.02	6.09	0.82
	广东	13.88	11.05	1.26	8.71	1.59
	广西	3.16	4.95	0.64	4.00	0.79
	贵州	2.10	3.53	0.59	3.55	0.59
	海南	0.69	1.02	0.68	0.96	0.72
	湖南	5.25	6.65	0.79	7.28	0.72
	江西	3.10	4.61	0.67	5.13	0.60
	四川	5.72	8.49	0.67	7.46	0.77
	云南	2.53	5.22	0.49	4.40	0.58
	合计	41.41	50.40	0.82*	47.58	0.87**
总计		1.00	1.00	—	1.00	—

注：*、**所示数值并非相关数据的合计，而是相应地区的平均值。其中，*是相应地区的劳动比较收益的平均值；**是相应地区的资金比较收益的平均值。

表7-2显示，中国这三大经济圈域的地区经济结构（无论是劳动的供求还是资金的供求）都严重失衡。

事实上，从表7-2的劳动比较收益和资金比较收益可知，这三大经济圈的19个省份加上各区的合计数据共44个，只有山东、内蒙古、福建3个省份的劳动比较收益基本平衡，分别为0.98、1.00、1.02，其他都处于失衡（甚至是严重失衡）状态。三大经济圈的劳动比较收益和资金比较收益的平均值除环渤海经济区处于相对均衡，分别为1.00和1.03以外，剩下的66%（4/6）均属于供求失衡；而就19个省份而言，除了3个属于均衡与基本均衡外，剩下的92%（35/38）都属于供求失衡。其中，泛珠三角区域（西南）9个省份加上北京、天津、内蒙古、上海、浙江等地的供求失衡特别严重。其中，云南的劳动比较收益（0.49）最低，而天津的劳动比较收益（1.84）最高，二者相差3倍多。这表明，天津和云南是这三大经济圈生产效益水平高、低的两个极端。上海的资金比较收益（2.82）最高，而云南的这一指标最低，仅为0.58。这意味着，上海和云南是这三大经济圈投资效果好、坏的两个极端。

就这三大经济圈而言，表7－2的数据显示，劳动与资金的供求都严重失衡。环渤海经济区7个省份的劳动比较收益平均值为1.16，是中国劳动效益最好的地区，代表了这三大经济圈现阶段社会生产力的发展方向，应加大对该地区劳动力的投入力度，但该地区的资金比较收益平均值最低，表明该地区资金供给严重过剩，应将过剩资金转移出去；而长三角经济区的资金比较收益为1.24，是这三大经济圈资金效益最好的地区，表明长三角经济区资金的供给相对不足，应加大对该地区资金的投入力度，并成为下一轮投资的重点与热点，而泛珠三角区域的劳动比较收益最低，应将过剩的劳动力尽快转移出去。

因此，就劳动比较收益的高低而言，这三大经济圈的19个省份可做如下排序：

天津、河北、内蒙古、山东、上海、广东、辽宁、湖南、江苏、广西、山西、四川、福建、北京、浙江、贵州、江西、海南、云南。

就资金比较收益的高低而言，这三大经济圈的19个省份可做如下排序：

上海、广东、北京、浙江、江西、江苏、四川、山东、湖南、福建、河北、贵州、辽宁、山西、海南、天津、云南、内蒙古、广西。

二、中国三大经济圈投资与就业的基本结论

（1）就劳动比较收益而言，其优劣排序的基本结论如下：长三角经济区（1.52）、环渤海经济区（1.00）、泛珠三角区域（0.82）。因此，**未来劳动力应尽量向长三角经济区转移，此即就业去向。**

（2）就资金比较收益而言，其优劣排序的基本结论如下：长三角经济区（1.24）、环渤海经济区（1.03）、泛珠三角区域（0.87）。因此，**未来资金应尽量投向长三角经济区，此即投资去向。**

（3）**若就资金比较收益与劳动比较收益两方面综合考虑**，则中国三大经济圈的优劣排序如下：长三角经济区（1.52、1.24）、环渤海经济区（1.00、1.03）、泛珠三角区域（0.82、0.87）。

也就是说，①**最优区域——长三角经济区**；②**次优区域——环渤海经济区**；③**较优区域——泛珠三角区域。**

下面分别讨论各区域的地区及其产业与行业的投资与就业问题。

第二节　最优区域——长三角经济区的地区投资与就业指南

一、中国长三角经济区的地区经济结构现状

2010年5月24日，国务院正式批准实施长三角经济区规划。这是贯彻落实《国务院关于进一步推进长江三角洲地区改革开放和经济社会发展的指导意见》，进一步提升长江三角洲地区整体实力和国际竞争力的重大决策部署，是深入实施区域发展总体战略、促进全国经济平稳较快发展的又一重要举措。

长江三角经济区包括上海、江苏和浙江，区域面积21.07万平方公里。

长江三角经济区区位条件优越，自然禀赋优良，经济基础雄厚，体制

比较完善，城镇体系完整，科教文化发达，已成为全国发展基础最好、体制环境最优、整体竞争力最强的地区之一，在中国社会主义现代化建设全局中具有十分重要的战略地位。

本节讨论长三角经济区的投资与就业问题。方法同前，见表7－3与表7－4。

表7－3　长三角经济区的生产总值、固定资本形成总额和就业状况（2017年）

地区	省份（i）	地区生产总值/亿元	固定资本形成总额/亿元	就业/万人
长三角经济区	江苏	87 988.1	53 000.2	4 757.8
	上海	30 633.0	7 246.6	1 372.6
	浙江	51 768.3	31 126.0	3 796.0
	合计	170 389.4	91 372.8	9 926.4

资料来源：中国经济与社会发展统计数据库及各省份2018年统计年鉴。

表7－4　中国长三角经济区的经济结构与GBC测度（2017年）

地区	省份（i）	需求结构 D_i（t）/%	就业结构 S_i^1（t）/%	劳动比较收益GBC G_i^1（t）	投资结构 S_i^2（t）/%	资金比较收益GBC G_i^2（t）
长三角经济区	江苏	51.64	47.93	1.08	58.00	0.89
	上海	17.98	13.83	1.30	7.93	2.27
	浙江	30.38	38.24	0.79	34.06	0.89
	合计	100.00	100.00	—	100.00	—

表7－4显示，长三角经济区的地区经济结构（无论是劳动的供求还是资金的供求）都严重失衡。

事实上，从表7－4的劳动比较收益和资金比较收益可知，该区域的3个省份合计数据共6个，全都处于失衡（甚至是严重失衡）状态。浙江的劳动比较收益（0.79）最低，江苏和浙江的资金比较收益（0.89）为最低，而上海的这两项指标都最高，其劳动比较收益为1.30，资金比较收益为2.27。这表明，上海和浙江是长三角经济区生产效益水平高、低的两个极端；上海和江苏（与浙江）也是该区域投资效果好、坏的两个极端。

因此，就劳动比较收益的高低而言，该区域的 3 个省份可做如下排序：上海、江苏、浙江。

就资金比较收益的高低而言，该区域的 3 个省份可做如下排序：上海、浙江、江苏。

二、中国长三角经济区投资与就业的基本结论

（1）就劳动比较收益而言，未来该区域的劳动力应尽量向上海、江苏两地区转移，此即就业去向。

（2）就资金比较收益而言，未来该地区的资金应尽量投向上海，此即投资去向。

（3）综合上述两项指标考虑，**该地区投资与就业效益均好的区域是上海**，因为其劳动与资金的比较收益都超过 1 且最佳。

第三节　次优区域——环渤海经济区的地区投资与就业指南

一、中国环渤海经济区的地区经济结构现状

环渤海经济区是指环绕着渤海全部及黄海的部分沿岸地区所组成的广大经济区域。位于中国沿太平洋西岸的北部，是中国北部沿海的黄金海岸，在中国对外开放的沿海发展战略中占据重要地位。

环渤海经济区包括北京、天津两大直辖市及辽宁、河北、山西、山东和内蒙古中部地区，共 7 个省份。全区陆域面积达 112 万平方公里，总人口 2.6 亿。环渤海经济区共有城市 157 个，约占全国城市的 1/4，其中城区人口超百万的城市有 13 个。

也有观点认为，环渤海经济区是以京津冀为核心、以辽东半岛和山东

半岛为两翼的环渤海经济区域，主要包括北京、天津、河北、山东、辽宁，也就是三省两市的“3+2”经济区域。面积51.8万平方公里；人口2.3亿，占全国的17.5%；地区生产总值达到3.8万亿元，占全国的28.2%。

本节讨论环渤海地区的投资与就业问题。方法同前，见表7-5与表7-6。

表7-5　中国环渤海经济区生产总值、固定资本形成总额和就业状况（2017年）

地区	省份（i）	地区生产总值/亿元	固定资本形成总额/亿元	就业/万人
环渤海经济区	辽宁	23 409.2	6 676.7	2 284.7
	河北	34 016.3	33 406.8	4 206.7
	北京	28 014.9	8 948.1	1 246.8
	天津	18 549.2	11 274.7	894.8
	山东	72 634.2	54 236	6 560.6
	山西	15 528.4	5 722.2	1 914.1
	内蒙古	16 103.2	14 027.9	1 424.9
	合计	208255.4	134 292.4	18 532.6

资料来源：中国经济与社会发展统计数据库及各省份2018年统计年鉴。

表7-6　中国环渤海经济区经济结构与GBC测度（2017年）

地区	省份（i）	需求结构 D_i（t）/%	就业结构 S_i^1（t）/%	劳动比较收益GBC G_i^1（t）	投资结构 S_i^2（t）/%	资金比较收益GBC G_i^2（t）
环渤海经济区	辽宁	11.24	12.33	0.91	4.97	2.26
	河北	16.33	22.70	0.72	24.88	0.66
	北京	13.45	6.73	2.00	6.66	2.02
	天津	8.91	4.83	1.84	8.40	1.06
	山东	34.88	35.40	0.99	40.39	0.86
	山西	7.46	10.33	0.72	4.26	1.75
	内蒙古	7.73	7.69	1.01	10.45	0.74
	合计	100.00	100.00	—	100.00	—

表7－6显示，环渤海经济区的地区经济结构（无论是劳动的供求还是资金的供求）都严重失衡。

事实上，从表7－6的劳动比较收益和资金比较收益可知，该区域的7个省份的相关数据共14个，只有2个基本平衡（山东和内蒙古的劳动比较收益分别为0.99与1.01），其他都处于失衡（甚至是严重失衡）状态。这意味着，就环渤海经济区域而言有86%（12/14）都属于供求失衡。其中，北京的劳动比较收益最高，为2.00，辽宁的资金比较收益最高，为2.26，而天津和内蒙古的劳动比较收益都超过1，分别为1.84和1.01，北京、山西和天津的资金比较收益也都超过1，分别为2.02、1.75和1.06。而北京和山西是环渤海经济区生产效益水平高、低的两个极端，其劳动比较收益分别为2.00和0.72；辽宁与河北则是该区域投资效果好、坏的两个极端，其资金比较收益分别为2.26和0.66。

因此，就劳动比较收益的高低而言，该区域的7个省份可做如下排序：

北京、天津、内蒙古、山东、辽宁、河北、山西。

而就资金比较收益的高低而言，该区域的7个省份可做如下排序：

辽宁、北京、山西、天津、山东、内蒙古、河北。

二、中国环渤海经济区投资与就业的基本结论

（1）就劳动比较收益而言，未来该区域的劳动力应尽量向北京、天津、内蒙古三地区转移，此即就业去向。

（2）就资金比较收益而言，未来该区域的资金应尽量投向辽宁、北京、山西、天津4个省份，此即投资去向。

（3）综合上述两项指标考虑，**该地区投资与就业效益均好的是北京与天津**，因为这2个直辖市的劳动与资金的比较收益均超过1。**不理想的是河北**，因为其两项指标都远小于1。

第四节 较优区域——泛珠三角区域的地区投资与就业指南

一、中国泛珠三角区域的地区经济结构现状

泛珠江三角区域概念（即知名的“9+2”经济地区概念）是于2003年7月在国内正式提出来的。泛珠江三角区域包含了中国华南、东南和西南区域中的9个省份及2个特别行政区，分别是：福建、广东、广西、贵州、海南、湖南、江西、四川、云南、香港和澳门特别行政区。泛珠江三角地区覆盖了中国1/5的国土面积和1/3的人口。

本节讨论泛珠三角洲地区的投资与就业问题。方法同前，见表7-7、表7-8。

表7-7 中国泛珠三角区域的生产总值、固定资本形成总额和就业状况（2017年）

地区	省份（i）	地区生产总值/亿元	固定资本形成总额/亿元	就业/万人
泛珠三角区域	福建	32 292.1	26 226.6	2 805.7
	广东	89 705.2	37 477.9	6 340.8
	广西	20 396.3	17 224.8	2 842.0
	贵州	13 540.8	15 288.0	2 023.2
	海南	4 462.5	4 125.4	583.9
	湖南	33 903.0	31 328.1	3 817.2
	江西	20 006.3	22 085.3	2 645.6
	四川	36 980.2	32 097.3	4 872.0
	云南	16 376.3	18 936.0	2 992.7
	合计	267 662.7	204 789.4	28 923.1

资料来源：中国经济与社会发展统计数据库及各省份2018年统计年鉴。

表7-8 中国泛珠三角区域的经济结构与GBC测度（2017年）

地区	省份（i）	需求结构 $D_i(t)$/%	就业结构 $S_i^1(t)$/%	劳动比较收益GBC $G_i^1(t)$	投资结构 $S_i^2(t)$/%	资金比较收益GBC $G_i^2(t)$
泛珠三角区域	福建	12.06	9.70	1.24	12.81	0.94
	广东	33.51	21.92	1.53	18.30	1.83
	广西	7.62	9.83	0.78	8.41	0.91
	贵州	5.06	7.00	0.72	7.47	0.68
	海南	1.67	2.02	0.83	2.01	0.83
	湖南	12.67	13.20	0.96	15.30	0.83
	江西	7.47	9.15	0.82	10.78	0.69
	四川	13.82	16.84	0.82	15.67	0.88
	云南	6.12	10.35	0.59	9.25	0.66
	合计	100.00	100.00	—	100.00	—

表7-8显示，泛珠三角区域的地区经济结构（无论是劳动的供求还是资金的供求）都严重失衡。

事实上，从表7-8的劳动比较收益和资金比较收益可知，该区域的9个省份合计数据共18个，只有一个基本平衡（湖南的劳动比较收益为0.96），其他都处于失衡（甚至是严重失衡）状态。这意味着，就泛珠三角区域而言，有94%都属于供求失衡，其中广东、云南、贵州、广西、江西、四川、海南、福建等地的供求失衡特别严重。其中，云南的劳动比较收益和资金比较收益（分别为0.59和0.66）都最低，而广东的劳动比较收益和资金比较收益（分别为1.53和1.83）都最高。这表明，广东和云南是泛珠三角区域生产效益高、低和投资效益好、坏的两个极端。

因此，就劳动比较收益的高低而言，该区域除港、澳2个特别行政区的9个省份可做如下排序：

广东、福建、湖南、海南、江西、四川、广西、贵州、云南。

而就资金比较收益的高低而言，该区域除港、澳2个特别行政区的9

个省份可做如下排序：

广东、福建、广西、四川、海南、湖南、江西、贵州、云南。

二、中国泛珠三角区域投资与就业的基本结论

（1）就劳动比较收益而言，未来该地区的劳动力应尽量向广东、福建地区转移，此即就业去向。

（2）就资金比较收益而言，未来该地区的资金应尽量投向广东，此即投资去向。

换言之，泛珠三角区域未来若干年，无论是劳动力还是资金都应该主要向广东省转移。

参考文献

[1]陶立新. 我国东、中、西部地区经济结构的失衡与优化分析[J]. 当代财经,2001(12):11-13.

[2]陶立新. 中国产业结构失衡与优化新探[M]//史忠良,吴家骏. 中国产业发展与企业改革. 北京:经济管理出版社,2001:65-73.

[3]吴建华. 日本战后的教育投资与经济增长[J]. 西南师范大学学报:哲学社会科学版,1994(3):82-87.

[4]陶立新. 论人才的模糊综合评价模型[J]. 江西社会科学,2001(4):153-156.

[5]MIN G, XIFENG Z. Scientific definition to the concept of intellectual the new stage and a primary research on a model of its value estimation[A]. Advances in Systems Science and Applications,2000(1):229-233.

后　记

本书的撰写基本结束，但由于种种原因还存在如下问题，所得结论仅供参考：

1. 本书依据的相关理论和方法由于统计数据的缺损，或未必真实、匹配等缘由，虽然尽量避免，但结论可能有误。因此，所得结论仅供参考。

2. 本书是从纯经济学理论，即有限资源优化配置的角度探讨问题，不涉及经济学以外如政治、人文或企业利润、空间大小等方面的因素。因此，在涉及投资与就业问题上，请参考本书结论的总体框架，再适当考虑其他因素进行相应决策。